金融·经济·政治与人学通俗谈

JINRONG
JINGJI ZHENGZHI YU
RENXUE TONGSU TAN

马庆和 著

远方出版社

图书在版编目(CIP)数据

金融·经济·政治与人学通俗谈 / 马庆和著. -- 呼和浩特：远方出版社，2017.7
ISBN 978-7-5555-0946-2

Ⅰ. ①金… Ⅱ. ①马… Ⅲ. ①金融学②经济学③政治学④人学 Ⅳ. ①F0②D0③C912.1

中国版本图书馆 CIP 数据核字(2017)第 209185 号

金融·经济·政治与人学通俗谈

JINRONG JINGJI ZHENGZHI YU RENXUE TONGSU TAN

著　　者　马庆和
责任编辑　王　叶
责任校对　王　叶　胡丽娟　武舒波
装帧设计　雪　慧
出版发行　远方出版社
社　　址　呼和浩特市乌兰察布东路 666 号　邮编 010010
电　　话　(0471)2236471 总编室　2236460 发行部
经　　销　新华书店
印　　刷　呼和浩特市铭泰精工印务有限公司
开　　本　150mm×215mm　1/32
字　　数　230 千
印　　张　8.75
版　　次　2017 年 7 月 第 1 版
印　　次　2017 年 11 月 第 1 次印刷
印　　数　1—5000 册
标准书号　ISBN 978-7-5555-0946-2
定　　价　30.00 元

前　言

金融是现代经济的核心。不懂金融，不会运用金融，就搞不清、搞不了现代经济。现代经济就是市场经济，市场经济从某种意义上说，就是货币、资本、信用经济。但是，又不能把金融和经济混为一谈。金融是核心，但代替不了经济，经济是更大范畴的事情。如果把金融视为经济的组成部分，那么金融是虚拟经济，经济则指实体经济。政治是驾驭国家和社会全局的，没有好的政治，也不会有好的金融和经济，政治与金融、经济是密切联系着的。

金融、经济、政治的核心是人。研究金融、经济、政治，或者驾驭金融、经济、政治，不研究人学、不懂人学是搞不清、搞不好金融、经济、政治的。人学的核心从国家和社会层面来说主要是人性和制度。纵观人类社会各个国家历史和现实，对人性定位的不同，形成了不同的金融、经济、政治理论，基于不同的金融、经济、政治理论的指导，设计了不同的金融、经济、政治制度，最终导致了人的不同金融、经济、政治行为，产生了不同的金融、经济、政治后果。可以说，各个国家在金融、经济、政治上的错误，乃至灾难，无不是基于错误的人性定位形成的错误理论、基于错误的理论设计的错误制度所导致的；人类社会各个国家在金融、经济、政治上的成功，乃至辉煌，无不是基于正确的人性定位形成正确的理论、基于正确的理论设计的正确制度所获取的。

所以，就金融论金融，就经济论经济，就政治论政治，是论不清楚、说不明白的。只有把金融、经济、政治与人学联系起来研究，才能看清楚、说明白。人学是什么？人学就是以社会人为研究对象，站在全人类的高度和广度，面对人类社会的历史、现实和未来，研究人性、天性、制度及其行为和后果的学问。

多年来，笔者一直从事金融、经济、政治方面的实务工作，经历过不同层次、不同层面的实践，也担任过多部门、多层面的领导职务。在实际工作中，笔者坚持走理论与实践相结合的路子，边工作、边研究，形成了一些金融、经济、政治与人学的思考。自2010年担任内蒙古保险学会秘书长一职以来，更促使笔者陆续写成文章，在《内蒙古社会科学动态》和《内蒙古保险》刊物上发表相关见解。文章篇幅一般都比较短，长一点的大多是基于讲座稿整理而成的。笔者力图把深刻的问题通俗化，复杂的问题简单化，使专家学者看了有点儿价值，使普通百姓看了能够明白。愿望如此，但水平有限，不一定会有如此效果，甚至可能会事与愿违。不妥之处，敬请读者批评指正。

2017年6月

目录
CONTENTS

第一谈

货币可以牵一发而动全身

货币,俗称“钱”。它是商品交换的媒介,是商品交换的一般等价物。无论什么商品,通过货币都可以实现交换。从商品交换的历史看,曾经历了物物交换和货币交换两个阶段,从物物交换到货币交换是人类文明的一大飞跃,“一币在手,可交换万物”,那是何等的方便啊！现在人类社会已进入了电子货币时代,可谓“一卡在手,走遍神州”,人们动动手指便可完成网上支付,方便至极。无论在自然经济条件下,还是在商品经济条件下,货币都发挥着同样的作用,那就是“媒介”作用。

当人类进入现代商品经济时代,即市场经济时代,货币不仅发挥着媒介作用,还发挥着另一种重要作用,就是调节经济的作用。因为市场经济是一种货币信用经济,货币有着强大的渗透力和作用力,无论是宏观经济活动,还是微观经济活动都离不开它,货币在整个经济运行中起着牵一发而动全身的功效。无论是党政机关,还是企事业单位;无论是干部职员,还是普通百姓,几乎每天都有意无意地在与货币打交道,诸如现金购物、刷卡消费、网银支付、存取款、借贷款、转账结算、兑换外币、买卖股票、买卖债券、购买保险、招商引资、实业投资等,由此,通过货币就可以对经济活动的各个方面起到调节作用。

货币的调节作用是站在国家的层面通过制定和实施货币政策实现的。复杂的经济现象高度抽象出来无非是总供给与总需求的平衡，这种平衡在市场经济条件下只能借助货币来实现。因为总供给与总需求的平衡可以且能够表现为货币供给和货币需求的平衡，国家通过调节货币供求关系，即通过利率、汇率、准备金率等手段来放松银根或抽紧银根，就可以实现对整个经济的调节。所谓放松银根，就是增加货币投放。2008 年以来，为应对全球性金融危机，国家不断降低存贷款利率，降低存款准备金率，投入 4 万亿财政资金，大量增加银行贷款，就是放松银根；从 2010 年下半年开始的不断提高存贷款利率，提高存款准备金率，减少银行贷款投放量，就是抽紧银根。

事实上，我们在经济生活中无时无刻不在接受着货币的调节。比如做企业的，贷款容易了，利率下调了，感到资金运作环境特别宽松时，那肯定是国家在实施宽松的货币政策，即放松银根；而贷款困难，利率上调，资金特别紧张，那肯定是国家在实施紧缩的货币政策，即抽紧银根。一个理想的状态，或者说科学的经济运行状态，必然是中性的货币政策，既不过于宽松，也不过于紧缩。具体到我们每个人，也无时无刻不在接受着货币调节，因为我们的衣、食、住、行、用都离不开货币。收入增加，物价稳定，货币能够保值增值，那就意味着我们的“钱”多了，购买力强了；反过来，收入的增加赶不上物价的上涨，货币在贬值，购买力在下降，那就意味着我们的“钱”在减少。货币贬值，物价上涨，通常叫通货膨胀。所谓通货膨胀，通俗的理解，或者说直接的感受就是货币购买力下降，即现在与过去相比，购买同样的商品和服务需要花的钱多了。比如在呼和浩特市中心地段购买住房，2003 年每平方米 1500 多元，到 2009 年每平方米 4500 多元，涨幅 200%，而同期居民收入的涨幅远低于房价的上涨，这就意味着货币购买力明显下降。显然，货币购买力越低，通货膨胀率就越高。

不同的经济制度下，货币对经济所起的作用是不同的。计划经济是一种“实物型”经济，“钱随物走”，经济活动主要是靠实物分配来完成的，包括生产资料、消费资料、生产要素乃至货币本身，什么都凭指标、凭票证就是典型的特征。货币发挥不了经济的调节作用，仅仅起着媒介作用。市场经济是“货币型”经济，“物随钱走”。货币不仅充分发挥着媒介作用，而且还充分发挥着调节作用。所以，有关金融、货币、资本等问题从来没有像今天这样被人们所重视。从驾驭实物、票证到驾驭货币、资本，标志着我国经济制度发生了巨大的变化，也标志着我们搞经济的手段有了根本性的不同，这就需要我们研究货币，懂得货币，学会运用货币搞经济，运用货币运转我们的经济生活，充分发挥货币的媒介作用和调节作用，促进经济的科学发展。

还有一个重要问题，就是货币和资本的关系。应该说，货币与资本既有密切联系，又有明显区别，货币可以转化为资本，但货币不等于资本。货币只是用来购买商品和服务，进行消费时，它只是货币，是一般商品的等价物，是商品交换的媒介。当货币用于投资，用于生产，从事保值增值的经济活动时，它就转化成了资本。

写于 2011 年 1 月

第二谈

资本是用来“赚钱”的钱

资本是由人们剩余的“钱”转化而来的，资本的基本属性就是追逐利润，不想赚钱的“钱”不能称其为资本。现代社会的经济可以说是以资本为核心的经济，经济活动最基本的组织形式——公司，均是按资本形成的股权组织起来的。它是人类社会伟大的创造，极大地推动了生产力的发展，使人们享受到了前所未有的文明成果，人们想到的需求被资本源源不断地创造出来，人们没有想到的需求也被资本源源不断地创造出来，资本满足了人们的需求，资本又创造了人们的需求。但是，资本也是一把“双刃剑”，在给人们创造财富的同时，也一次次地给人们带来灾难，即金融危机、经济危机，乃至政治危机。就人类社会近百年来看，资本就制造了多次危机，最严重的莫过于20世纪二三十年代的大危机了，股票市场崩盘，企业、银行纷纷倒闭，整个经济大萧条，且导致了激烈的政治危机，爆发了第二次世界大战。最近的应是始于2008年的美国“次贷危机”了，至今还没有完全平息。

之所以会如此，是资本贪婪的本性所致。资本在追逐利润时，总是没有节制地追求多多益善，由此往往会不择手段，最终扭曲经济，扭曲社会，违反经济规律、社会规律，必然受到规律的惩罚，导致不同形式的危机。资本为什么会如此？这不是资本本身的问题，而是人的问题，是人性使然。因为资本是归人所拥有的，是由人操控的。资本的贪婪是人性贪婪的外在表现，资本的“双刃剑”实际上也是人性“双重性”的外在表现。人性有进取的一面，表现在资本上就是通过追逐利润而生产出更多更好的商品和服务，将其销售出去，满足人们各种需求，从而获取利润；人性也有贪婪的一面，表现在资本上就是过分地追逐利润，以至于到了疯狂的时候，危机也就自然地爆发了。

所以，对于资本不能放任自流，人类应该用其所长，补其所短。用其所长，就是要利用其逐利性，调动其积极性，为人类创造财富；补其所短，就是节制其贪婪性，将其装进“笼子里”，使其在“笼子里”跳舞。资本主义社会，如果说在政治制度上通过民选官、民管官、废除领导职务终身制、实行“三权鼎立”等将公权力装进了“笼子里”，使掌握公权力的人只能在“笼子里”跳舞，那么在经济制度上还没有把资本装进“笼子里”，使资本在“笼子里”跳舞。我们渴望，通过“次贷危机”、“欧债危机”、占领华尔街运动，人类能找到把资本装进“笼子里”的办法，建立起一系列行之有效的制度，并付诸实施，使人类社会迈向更加美好的明天。

写于 2010 年 11 月

第三谈

银行是做信贷资金买卖的

银行是干什么的？通俗地说，银行是做信贷资金买卖的，就是买进资金，卖出资金。买进资金表现为吸收存款，卖出资金表现为发放贷款，各种资金通过银行流转就是结算。所以，银行最基本的业务就是存款、贷款和结算。由此，还派生出一些委托业务、代理业务等，统称为中间业务，即银行扮演着中间人角色，收取委托、代理手续费。

银行所吸收存款有对公存款和储蓄存款之分。机关、企事业单位存款统称为对公存款，居民个人存款统称为储蓄存款。存款的利率，即对存款支付的利息，就是银行买进资金的价格。发放贷款也有企事业单位贷款和居民个人贷款之分，对工商业发放的贷款一般为企业贷款，对学校、医院发放的贷款一般为事业单位贷款，住房按揭贷款、汽车消费贷款一般为居民个人贷款。贷款的利率，即对贷款收取的利息，就是银行卖出资金的价格。

银行的利润主要来自于卖出资金和买进资金的利差。在我国，存贷款利率还没有市场化，银行存款利率和银行贷款利率都是由国家规定的，利率差是比较大的。比如，自 2011 年 7 月 7 日调整利率后，一年期存款为 3. 5%，一年期贷款为 6. 56%，活期存款利率更低，仅为 0. 5%，如此大的利差，银行肯定赚钱。当然，银行还有其他经营成本，诸如人员、设备、房屋、水电暖等，都需要摊入成本之中。

银行贷款是最能反映其经营管理能力和水平的业务。它不仅需要有考察贷款对象人、财、物、供、产、销，以及经营管理各个方面的微观能力，还需要有把握经济、政治、社会全局的宏观能力。因为银行贷款主要来源于银行存款，存款是必须无条件随时支付给存款人的，不仅要保证支付本金，还要保证支付利息。如果贷款放不好，出现大量坏账，不仅贷款利息收不回来，而且贷款本金也会收不回来。由此，就会导致资金周转不灵，出现难以支付存款的危机，而这种危机一旦传导，形成连锁反应，就会导致金融危机，乃至整个经济、社会动荡。

中华人民共和国成立以来，我国还没有发生过大的银行支付危机，原因是我们银行的主体是国家银行，除了国家规定的存贷款利差较大外，国家还充当着最终支付人的角色，大量的银行贷款坏账都是由国家一次次地剥离出来，由国家财政和公众买单。从 1978 年国家核销银行农村坏账开始，一直在不断地买单，其中大规模的有两次：一次是国有专业银行向国有商业银行转化时，成立了四大资产公司，专门剥离处理工、农、中、建四大国有银行的贷款坏账；另一次是工、农、中、建四大国有银行在资本市场上市时，又分别剥离出不少贷款坏账，以此来达到上市标准。

经过多年的改革，我们国家形成了多元化的银行体系，大体可以分为三类：一是中国人民银行。它是我国的中央银行，享有货币发行的垄断权，是发行的银行；它代表政府制定和实施货币政策，同时代理国库，又称为政府的银行；它是最后贷款人，在商业银行资金不足时，可向其发放贷款，所以也称其为银行的银行。二是政策性银行。它是由政府设立，以贯彻国家产业政策、区域发展政策为目的，不以盈利为目标的银行机构。我国现有三大政策性银行，即国家开发银行、中国进出口银行、中国农业发展银行。三是商业银行。包括中国工商银行、中国农业银行、中国银行、中国建设银行四大国有控股银行；交通银行、中信实业银行、中国光大银行、中国民生银行、招商银行、华夏银行、兴业银行等多家资本多元化的全国性股份制商业银行;以及包括农村信用合作社在内的众多地方性股份制城市商业银行和农村商业银行。

写于2012年8月

第四谈

搞银行工作要学点运筹学

运筹学是研究和解决最优化问题的科学,它的核心是最优化问题。学习运筹学,首先要树立最优化思想。我们平日的实际工作中存在着大量的最优化问题,有没有最优化思想,对于能否科学地处理和解决实际问题至关重要。有了最优化思想,想问题、做决策、办事情,就会思维开阔,善于多角度、深层次地研究思考问题,提出诸多方案,自觉地追求最优化选择;而没有这种思想,往往会思想狭窄,目光短浅,"一条路上走到黑",很容易导致盲目性和随意性。

有了最优化思想,还必须掌握最优化方法,否则,也不能真正解决最优化问题。正如毛泽东同志所说:"我们的任务是过河,但是没有桥或没有船就不能过。不解决桥或船的问题,过河就是一句空话,不解决方法问题,任务也只是瞎说一顿。"运筹学研究和解决的主要是最优化方法问题,可以说,最优化思想贯穿于运筹学始终,最优化方法则是运筹学的主体。思想是通过方法体现出来的,方法又是以思想为基础的。只有树立了思想,又掌握了方法,才算把运筹学真正学到手。

学习的目的在于应用。搞市场经济,为运筹学的应用提供了广阔的空间,使其大有用武之地。因为市场经济本质上是价值规律充分起作用,要使经济活动按经济规律运行,追求资源的最佳配置。这与运筹学的思想是一致的。

过去我们搞计划经济，实质上就是用行政手段搞经济，经济活动不是围绕经济规律转，而是围绕“长官意志”转。由此，也就没有什么最优化可言，“长官”说优就优，说劣就劣，运筹学自然不会有用武之地，人们也没有必要和可能去学习和应用运筹学，听命于“长官”即可。这种体制下，一些决策是凭经验、凭感觉、凭领导好恶、按“长官意志”做出的。即使有一些可行性研究，也一般都是领导先入为主，研究者主要是围绕领导意图进行论证，为领导意图找依据，达不到最优化的目的。其结果往往是顾此不顾彼，顾左不顾右，顾前不顾后，经不住时间的考验，造成不少损失，也没人追究和承担责任。这是市场经济条件下所不能允许的。市场经济面临的是激烈的竞争，决策失误，造成损失，不仅要承担风险和责任，而且将会被淘汰。所以，搞市场经济需要我们学习运筹学，应用运筹学，从而培养最优化意识，树立最优化思想，掌握最优化方法，解决实际问题，以在国内国际竞争中立于不败之地。

运筹学在银行业的应用是广泛的。随着市场经济的发展，我国银行的业务和经营管理将与国际接轨，这就需要相关人员改变传统的银行运作思想和方法。同时，市场经济条件下，银行的地位越来越突出，无论是在宏观经济中，还是在微观经济中都发挥着越来越重要的作用。这也给银行提出了更高的要求，需要银行以一个全新的面貌出现。由此，把运筹学的思想和方法引到银行工作中，具有特别重要的意义。银行经营的是信贷资金，最基本的业务是资产负债业务。实际工作中存在着大量的最优化问题。比如，一笔贷款，有几个项目需要，究竟投资于哪个项目，既能符合国家产业政策，又能保证资金安全，还能取得良好的经济效益，这就有个最佳选择问题。再比如，在一定的资产总量下，究竟怎样配置现金资产、贷款资产、证券资产、固定资产，才能实现安全性、流动性、效益性的最佳组合，这也有个最优化问题。银行负债也是如此，在一定的政策环境下，究竟组织什么样的资金成本低，稳定性强，其中也有个最优化选择问题。总之，运筹学在银行业大有可为，需要我们认真学习研究，广泛运用。

写于 2010 年 5 月

第五谈

银行“钱荒”的深度思考

从2013年6月6日开始，不断传出部分银行同业拆借资金违约，银行间同业拆借市场利率不断攀升的消息，至6月20日银行间同业隔夜拆借利率飙升至13.44%，银行遭遇了“钱荒”。由此波及6月股市跌跌不休，至6月24日上证综指和深圳成指分别大跌5.3%和6.73%，银行股领跌大盘。好在公众没有挤兑存款，才没有酿成支付危机大祸，最后还是中央银行出手，“钱荒”才基本得以平息。但是，此次中央银行出手，是在商业银行“哭”了以后才做的，而以往则是没等“哭”就提前“喂奶”了。

此次银行的“钱荒”问题，不是银行缺钱，而是涉及缺乏流动性问题。截至2013年5月末，我国全部金融机构本外币贷款余额达72万亿，广义货币供应量M2余额为104万亿，怎么会缺钱呢？

所谓流动性，就是资产迅速变现的能力。我们知道，商业银行经营的资金来源，主要是负债，负债有长有短，但终究是要归还的，只不过每天都有进有出，总有一个稳定额度留存在商业银行里，这就可以使商业银行开展发放贷款等资产业务，但资产的配置一定要坚持安全性、流动性、盈利性三原则。这次的“钱荒”就是由于部分商业银行没有很好地安排流动性，而偏重于盈利性导致的。主要表现是“短款长放，期限错配”。近年来，商业银行大量推出了理财产品，期限较短，少则十天半月或一两个月，长则半年或一年，收益较高，一般均高于银行一年期存款利率。那么，这些钱都到哪儿去了呢？都由银行和其他非银行金融机构提前配置出去了，而配置出去的期限却不是理财产品期限那么短，一般都在一年以上，利率也比理财产品高，一般都在10%以上。银行和其他非银行金融机构获得的收益是较大的，这就形成了短款长放，期限错配。那么，短期的理财产品到期怎么还呢？只能卖新理财产品还旧理财产品，或者卖不够，就到银行间同业拆借市场借。而这样做的风险就在于一旦后续资金跟不上，就会出现“钱荒”，首先就会表现为银行间同业拆借市场钱紧，利率飙升，因为它是资金量最大的市场，来钱最快的市场，也是反映流动性最敏感的市场。这次的银行“钱荒”就是这样形成的。那么，这些短款长放，期限错配的钱究竟配置到哪里了呢？大多都配置给了房地产公司和地方政府融资平台，所以，房地产价格一再上涨，地方政府借款有的说10万亿，有的说23万亿，有的说36万亿，也成了弄不清的无底洞。

我们的商业银行多年来还有一个重要问题，不是按照实体经济需要和节奏发放贷款，而是立足于早放、多放、垒大户。早放，就是全年的贷款要尽力在一季度放出去；多放，就是要尽可能多地发放贷款；垒大户，就是多家银行都对同一个大企业放款。特别是2008年应对“次贷危机”的4万亿财政投资及相应的货币超发行贷款，更是迅速地进入了大企业，使得大企业资金过剩，盲目投资，造成诸多行业产能过剩，国进民退，垄断加深，市场化放慢。更有甚者，一些大企业也做起了资金买卖，如委托放款、投资理财、套利赚钱等，无心于实体经济的创新升级。与大企业相比，冰火两重天的则是小微企业。他们难以得到银行贷款，大多只能通过民间借贷进行高利贷融资，有些难以为继，或倒闭，或撤离实体经济，加入虚拟经济，炒房、炒矿、炒蒜、炒豆，放高利贷，严重地阻碍了实体经济的发展。

为什么会出现上述两种情况呢？究其原因主要是银行过度的利益驱使，过度的赚钱效应所致。我们的银行是当今世界上最能赚钱的银行。据2012年2月17日银监会发布的数据显示,2011年商业银行净利润超过万亿元,达到1.04万亿元,相比2010年7637亿元净利润,增长率达36%,创历史新高。按此计算,商业银行年平均每天赚得约28.5亿元,以致有位银行高管在一次大型金融论坛上公开讲,“赚得都有点儿不好意思了”。那么,是我们的银行经营管理水平特别高吗?不是。公认的看法是,我们银行的经营管理水平与世界上的优质银行相比,差距还是很大的。那怎么就成了世界上最赚钱的银行了呢?是垄断利率、利差过大和不让民间资本进入银行,缺乏充分竞争所致。我们银行的存贷款利率是国家规定的,存贷款利差在3%~4%之间,发达国家只有1%左右,同时,我国大中企业的资金来源主要靠的是银行贷款,一般在70%以上,而发达国家大中企业主要资金来源于资本市场,银行贷款一般在30%以下。这种大量贷款和过大利差,使得我们的银行赚钱非常容易。银行是不创造财富的,它的利润来源只是对实体经济利润的分割,银行过度地赚钱,肯定会弱化实体经济盈利能力,进而弱化实体经济发展。还有,我们的银行坏账不是银行自己买单,而是转给国家、全民买单,我们曾成立四大资产公司处理银行坏账,上市前又都大量剥离坏账,全民买单。这样的银行不成为世界上最赚钱的银行才怪呢!

民间资本进入银行很难。在农村,主要还是依靠着早已异化了的、实际上被内部人控制着的所谓的合作金融组织——农村信用社。前几年成立的所谓村镇银行,还是由现有银行发起,成为大股东。同时,也不进村镇,基本上是在城市和县城,以致农民贷款难等问题长期存在。在城市,地方上组建的城市商业银行也不少,但基本上都是复制了国有银行模式,国有资本占大头。可以说,无论在农村,还是在城市,民间资本就没有被名正言顺地允许过进入银行。这就导致真正为众多小微企业服务的、能够接地气的民营商业银行寥寥无几,小微企业长期贷款难也就不足为怪了。

如此下去是不可持续的,一是我们已经发行了世界上最多的货币，通货膨胀、物价上涨的压力十分严重；二是商业银行继续按此运行，让中央银行继续当“奶妈”，超发货币，积累的金融风险越来越大；三是实体经济微利、无利，银行高利、大利，实体经济从业者和银行工作人员收入差距过大，本末倒置，会极大地伤害实体经济；四是大企业贷款过度、产能过剩和小微企业贷不到款并存。

怎么办？根本的出路在于推进银行体制改革，一是打破玻璃门，放开民间资本进入银行，组建真正为众多小微企业服务的、接地气的民营商业银行。二是放开存贷款利率管制，实行利率市场化，缩小存贷利差，让利于实体经济，促进实体经济健康发展。三是建立存款保险制度，使银行真正成为自主经营、自负盈亏、自担风险的金融企业。

写于 2013 年 7 月

第六谈

证券是经营股权和债权的

提起证券，人们自然会想到股票和债券，这是最主要的两类证券。股票，通俗地说就是股权买卖的凭证。卖股权的是公司，买股权的是投资者。最典型的股权买卖就是在资本市场上的上市公司。它们按照法律法定和规范流程，经过证券公司等中介机构的审查保荐，提交有关权力机构通过，向社会公开发行股票，即为上市。投资者根据自己对上市公司的判断和预期，购买股票，成为股东。上市公司通过发行股票，卖出股权，获得投资者的资本，可以使公司正常运营，并进一步发展壮大，同时也可以优化股权结构，完善公司治理制度，提高经营管理水平，创造更好的业绩。投资者通过购买上市公司股票，认购股权，成为股东，可以从公司领取股息红利，还可以行使股东对公司的各项参与权。如出席股东大会，选举董事监事，决策重大经营方针，审议财务预决算等。当然，参与权的大小取决于持有股票份额的多少。持有股票份额越多，参与权就越大，反之，则越小，甚至忽略不计。

股票的买卖分为一级市场和二级市场。一级市场又称股票发行市场，即上市公司通过向社会公众，包括机构和个人展示、询价、销售股票筹集资本的市场；二级市场又称股票交易市场，是对已经发行的股票进行转让、流通、交易的场所，主要是证券交易所，如我国的上海证券交易所和深圳证券交易所。综上所述，我们不难看出，股票市场主要是由上市公司、投资者、证券交易所、证券公司组成的。上市公司、投资者、证券交易所上述已经说明。那么证券公司是干什么的呢？证券公司是上市公司和投资者的中间人，即中介机构。它受上市公司委托承销其股票发行，向投资者推销股票，它也可以代理投资者买卖股票，向投资者提供买卖股票的各种服务，向上市公司收取佣金，向投资者收取手续费。

债券就是债权的买卖。主要有两类：一类是国债。它是政府为筹集财政资金而发行的债券，是以国家信用为保证的。政府之所以发债，原因是随着国家职能的扩展，支出日益增加，仅靠税收已不能满足社会公共支出需要，国家要通过借债的方式取得一部分收入，以解决财政困难和用于公共建设。我国先后发行的国债主要有建设债券、财政债券、特种国债、保值公债、无记名式国库券、记账式国库券和凭证式国库券等。另一类就是公司债券。它与公司股票相比，有着许多不同之处。首先，债券是债权凭证，持有者是公司的债权人；其次，债券有一定期限，收益相对稳定，而股票没有期限，收益的多少与公司效益密切相关；再次，债券持有人不可以参与公司的经营管理，股票持有人可以参与公司的经营管理；最后，公司破产清算时债券持有人享有剩余财产的优先索取权，股票持有人则没有这样的权利。公司可以发行股票，也可以向银行贷款。但为什么要发行债券呢？首先，上市是很难的，标准要求高，不是一般公司能做到的。其次，和银行贷款相比，发行债券的好处是可在市场上直接融资，由此不但可以提高公司知名度，促进公司加强经营管理，而且筹资成本相对较低，期限较长，资金来源更加稳定。

写于 2010 年 9 月

第七谈

保险的本质是经营风险和提供保障

保险与风险是孪生兄弟,两者结伴而行,有风险才有保险。风险是客观的,无时不在,无处不有,自然的、社会的、经济的、政治的,各种各样。有风险就有转移风险的需求,那就是投保人和被保险人;有需求就有经营风险的供给,那就是保险公司。投保人通过支付保费购买保险产品,把风险转移给保险公司,在发生保险产品责任范围内的风险时获得保险金赔偿,或者在达到保险产品约定的年龄、期限等条件时得到保险金给付。保险公司通过开发和卖出保险产品,收取保费,在投保人和被保险人发生保险产品责任范围内的风险时赔付保险金,或者投保人和被保险人在达到保险产品约定的年龄、期限等条件时给付保险金。

保险公司为什么就能经营风险呢?它运用的是大数法则、互助性原理。比如,某类风险随时随地可能发生,有众多的投保人需要转移风险,但出现风险的概率是可控的,此类风险投保人不可能同时发生,那么,众多的投保人购买此类风险的保险产品都分别投入一点儿保费,集合到保险公司就是一大笔保费,当部分投保人出现风险时,就可以从这笔庞大的保费中获得高于投保人所交保费几倍、几十倍乃至上百倍的赔偿。循环往复,连续不断,保费越滚越大,应对风险的能力也就越来越强。这也体现了互助性,即"一人为众,众为一人",多数人交点儿小钱,可以应对少数人出现风险的大钱;平日里交点儿小钱,可以应对出现风险的大钱;健康时交点儿小钱,可以应对疾病时的大钱；年轻时交点儿小钱，可以应对养老时的大钱等。保险是个大产业，可以说无所不保，只要是可经营的风险都可以有保险，风险各种各样，保险也各种各样。诸如企财险、家财险、车辆险、意外险、人身险、健康险、养老险、旅游险、学平险、责任险、保证险等。在我国较为普及的是车辆险，不论公车、私家车大多都要上个保险，至少也要上个交强险。出现风险，由保险公司进行理赔，补偿了当事人的损失，同时还间接发挥了社会管理功能。试想，如果没有保险，机动车交通事故都由当事人自行处理或由政府解决，不用说车辆损失，仅人员伤亡就会带来相当大的不稳定问题。当然，也有些人每年上车辆保险，但没出过事故，也就没有接受过保险理赔，对此有的人就认为亏了，这是一种误解。上保险，没出事，首先应该祝贺你，你平平安安多好啊！而后应该感谢你，你为出险的人做出了贡献，这就是保险，这就是保险的互助性。

保险是好东西，它是人类社会的伟大发明，是现代社会的重要标志。西方发达国家之所以发达，之所以社会比较稳定，与他们有发达的保险业是密不可分的。首先，他们有政府主导的比较完善的社会保障体系，其次有发达的商业保险，能够满足不同层次和多元化的保障需求，他们拿收入的15%～25%用来购买商业保险，每个人、每个家庭都有多个保单。与之相比，我们的差距很大，世界人均保费512美元，我国76美元；世界人均寿险保单1.5件，我国0.1件；发达国家家庭财险和社会公众责任保险投保率均在80%以上，我国分别不到5%和10%；发达国家保险资产占整个金融业总资产的20%以上，我国仅4%。我国的保险业之所以与西方国家差距很大，主要原因有两个方面：一是长期搞计划经济，给人们灌输的是国家人、公家人，国家会管的、政府会管的观念，全社会缺乏风险意识和保险知识；二是保险业本身做得还不够好，销售误导、理赔难等问题一直存在，导致保险行业社会公信力不高。今后应该从这两个方面进行不懈努力。

写于2010年10月

第八谈

应对老龄化要养老保障和养老产业一起做

种种迹象表明,我们的国家已经进入到了老龄化社会,而且,相对于发达国家来说,我国是未富先老。同时,我们的养老保障还存在着诸多问题。

首先,政府主导的社会养老保险是分割的,没有形成全民统一的、全国统一的基本养老保障体系。一方面是身份分割,国家机关、事业单位、企业职工、城乡居民是分割的。不同的身份到养老年龄后,发放的养老金额是不一样的,且差距很大。这是历史形成的,体制造成的。另一方面是地区分割,我们的社会养老保险是从县市级统筹到省级统筹发展过来的,目前基本上处于省级统筹阶段,到全国统筹还有很长的路要走。由此,地区之间养老金待遇差距也很大。正因为差距大,所以,人群之间转换难,地区之间转移难。正因为转换难、转移难,所以,脱保的人很多。近一年全国就有3800多万脱保人。还有,由于人群分割、地区分割,分散管理,无法形成统一的社会养老保险基金保值增值运作,基本上是趴在银行存款上,不断被贬值,而且,管理成本特别高。

其次,商业性养老保险做得不够好。政府主导的社会养老保险,只是保基本,更加多样性的和多元化的养老保险,还得通过商业性养老保险来实现。商业性养老保险产品的提供者是商业性保险公司。目前保险公司很多，养老保险产品也不少，但同质化产品多，适合不同人群的多样化产品少。商业性养老保险产品的购买者是单位团体和个人。现实中能够购买商业养老保险的主要还是垄断行业和国有或国有控股企业，诸如金融、石油、电信、电力、烟草等。这不仅没有起到商业性养老保险的作用，而且还造成了更大的社会不公。因为这些行业和企业，员工的工资收入高，福利待遇高，提取的"五险一金"也高，养老本来就不成问题，再加上企业年金、职业年金等商业性养老保险，由此还享受着国家优惠的延税政策，真是锦上添花。而对于大多数单位和百姓来说，一是不懂，二是买不起，只能是望尘莫及了。

再次，传统的家庭养老模式面临着严峻挑战，社会化的养老机构、场所严重不足。养老保障有钱很重要，但有钱由谁来管同样重要。当下和今后的情况是：家庭一孩多老，养儿防老的传统家庭养老模式难以支撑，况且，有些子女还得啃老。社区养老体系尚未形成，养老院一床难求的状况到处可见。

如何应对老龄化社会的养老呢？笔者认为，应该将养老保障和养老产业一起做。

首先，政府一定要做好社会基本养老保障工作。切实解决身份分割、地区分割问题，建立起全国统一的、公平公正的全民性基本养老保障体系，使每位劳动者不论在哪个单位、哪个地区工作，不论从哪个单位、哪个地区退休，都能领到保障水平差不多的养老金。另外，政府的财政资金和国有企业上缴的利润，以及国有资产变现的资金都要优先补充养老基金。还有，就是要尽快实现各类、各地区的社会基本养老保障基金全国统一运作，实现保值增值，坚决打破部门分割、地区分割、各自为政的局面。

其次，积极普及商业性养老保险。广大公众要学习商业养老保险知识，提高商业养老保险意识，积极购买商业养老保险产品。对购买商业养老保险确有困难的单位和个人,政府要给予一定资助,以鼓励购买。商业保险公司要针对不同人群不断开发出适销对路的养老保险产品,努力提高服务水平,做到购买和理赔给付都容易。

再次,各级政府和全社会都要把养老当作产业来做。养老既是消费,也是产业。要提高认识,改变观念。不能只把养老当作消费包袱,还要当作产业去经营。因为养老需要大量的投资,需要大量的场所、设备、设施,需要大量的劳动力就业,包括护理人员、医务人员、餐饮人员、维修人员、管理人员乃至科研技术人员等,需要吃、穿、用、娱乐等多方面配套。政府要出台优惠政策,鼓励民间资本进入养老产业。要大力兴办公有民营的养老院所,原有的公办养老院也要实行公有民营,以提高经营效率。政府应做好规划,做好监管。要加大社区养老场所建设,这是将过去的家庭养老、单位养老变为社会养老的有效途径。要把社区的托儿所和托老所一并考虑设计和建设。因为现在社区需要大量的托儿所,随着人口出生率的下降,将来大量的托儿所会闲置,完全可以将其转换为托老所。所以,现在建托儿所时,就要考虑到将来的托老所之用。

写于 2013 年 11 月

第九谈

医疗责任保险是解决医患纠纷的好办法

医疗责任保险，通俗地说就是医院为自己的医疗安全上保险，一旦出现医疗责任事故需要赔偿时，由保险公司负责向患者进行理赔。

医疗责任保险是管理医疗风险、化解医患矛盾纠纷、保障医患双方合法权益、维护正常医疗秩序的有力工具，也是顺利推动医疗体制改革、促进医疗事业发展进步、构建和谐医患关系的有效保障，同时也是保险发挥社会管理功能和经济补偿功能的重要途径。

对于医疗机构来说，参加医疗责任保险可以转移医疗风险，均衡分散和降低财务成本，维护正常的医疗秩序。由于医疗行业的特殊性、复杂性，医疗事故总是难以避免。中国医师协会对国内 114 家医院的调查显示，近三年平均每家医院发生医疗纠纷 66 起，平均每起赔偿金额为 10.81 万元。中华医院管理协会的调查显示，目前国内县级以上医院一年的医疗纠纷索赔金额高达 42 亿元，占医院医疗收入的 5.9%。由此可见，参加医疗责任保险可以减轻医院的财务负担。医疗机构只要交纳一定的保险费，就可以得到风险保障，从而有利于医院经营的稳定和发展。医疗机构给医务人员上了医疗责任保险，一旦发生医疗事故，由保险公司负责赔偿，医疗机构即把风险转移给了保险公司，使医疗机构可以专心于医疗工作，不必为医患纠纷花费更多的时间及精力。同时,每年参加医疗责任保险所缴的保费是一个确定的均衡的费用,不会忽高忽低,对于均衡分散财务成本、减轻财务压力也有很大帮助。

对于疾病患者来说,有了保险公司和医疗纠纷调解机构作为第三方介入,他们会感到公平,同时也能保证赔偿的及时足额支付。保险公司及医疗纠纷调解机构,对于矛盾的医患双方属于第三方。有了第三方介入,加上保险公司及医疗调解机构查勘定损理赔的经验和专业技术手段,会站在第三方立场上公正处理医患矛盾纠纷,保证了处理事件的公正性。同时,赔款由保险公司支付,能够保证及时足额到位,不受医疗机构当时财务状况的影响。

对于医务人员来说,有了医疗责任保险,可以解除医患纠纷高额赔付的后顾之忧,给他们吃个"定心丸",可促使他们勇于知难而进、改革创新、提高技术水平、促进医疗事业不断向前发展。

对于医疗体制改革来说,通过发展医疗责任保险,发挥市场机制作用,实现医疗损害赔偿给付和医疗赔偿风险的社会化分担,有利于推进医疗体制改革和医疗卫生事业持续健康发展。

对于保险事业来说,通过发展医疗责任保险,提高了保险的渗透力。保险公司在投保之前,对投保医院的风险进行审查评估,提出减少医院和医护人员医疗风险的建议,医院对其经营和管理的有关事项进行承诺;在承保期间,通过对医护人员进行法律法规、保险知识及医疗风险防范教育,对医疗风险的防范会起到很好的作用;出险后,及时介入跟踪处理事故,缓解医患纠纷,对应理赔的及时进行赔付,充分发挥保险的社会管理功能和经济补偿功能,有利于提高保险的社会地位和形象,进而促进保险事业的发展。

大力发展医疗责任保险,实现上述多赢目标,需做以下几项工作:

第一,政府大力推动。政府要成立以主管医改的领导为组长,由司法厅、卫生厅、保监局组成的发展医疗责任保险、化解医患纠纷领导小组,统一组织协调领导此项工作。同时,政府要下发有关文件,对大力发展医疗责任保险,有效化解医患纠纷,推动医疗体制改革提出政策要求。

第二,搭建独立平台。成立医疗纠纷调解委员会(简称“医调委”)作为调解医疗纠纷的独立第三方开展工作,负责医疗事故的调查、评估、处理和医疗纠纷的调解、防范。把医疗纠纷从院内转到院外。医调委由医疗专家、保险专家和司法专家组成。要建立起专家库,随机抽取、优胜劣汰,按工作量给予一定报酬。医调委为常设机构,设主任一名(专职),由德高望重、公信力强、身体素质好、组织能力强、熟悉医疗和相关法律的管理人才担任;副主任两名(兼职),由保险协会和律师协会的有关负责人担任。内设两部一室,即医学专家部、医疗保险部和综合办公室。

医调委的性质是由司法部门许可、民政部门注册、卫生部门主管的社会团体法人组织。经费来源可以按保费额度提取中介手续费,还可以通过政府支持、其他赞助等方式。

第三,主体积极参与。一方面,医疗机构要积极参与且要广泛参与。保险的原理就是大数法则、互助性原理,众人平时投点儿小钱,集中用于出现不确定风险的大钱。只有参与的医疗机构足够多,参与的医务人员足够多,医疗责任保险才能成立,才能够做下去。在起步时就要求县市级以上所有医疗机构都要参与进来,所有医务人员都要参与进来。保险费率可以区别对待:风险高的医务人员费率可高点儿;风险低的医务人员费率可低点儿。随着时间的推移,出险多、赔付多的医院费率可高点儿;出险少、赔付低的医院费率可低点儿。保费可由医院和个人适当分担,医院担大头,医务人员担小头。另一方面,保险公司要积极参与,但要优中选优,优胜劣汰。开始可采取招标方式选择3—5家公司,日常实行年度考核,优胜劣汰。保险监管部门和保险协会要积极参与组织协调,做到有序进行,避免恶性竞争。要有牵头的主承保公司,而后进行分保。中标者也不能各自为政、一哄而上。

第四,公司提前介入。保险公司在得到医疗事故和医患纠纷报案后,要在第一时间到达现场,全程跟踪处理案件。能确认理赔的要以最快的速度及时理赔,有纠纷不能确认理赔和理赔额度的要及时提交医调委进行调解。保险公司最关键的就是要提前介入,绝不能等有了鉴定结果,再做理赔的事情。由此,既可以缓解医患纠纷,又可以准确查勘定损。医院要及时报案,绝不能有家丑不可外扬的心理,做“私了”安排,纵容“医闹”行为。

第五,沟通交流到位。普遍发展医疗责任保险是用保险手段解决医疗事故、医患纠纷的新途径,是新生事物。在发达国家,实施医疗责任保险已是多年的成功做法,但在我国还仅仅是处于起步阶段,有关方面都还比较陌生、缺乏经验,特别是医院方面,阻力会比较大,担心保费出了,却起不到应有的作用。这在过去个别医院办理的医疗责任险中确属存在的问题,主要是保险不能提前介入,而是等事后鉴定结果。但新的由行业主导的医疗责任保险绝不会再出现这样的问题。

写于2010年3月

第十谈

农业保险责任重大、意义深远

从准备内蒙古农业保险论坛到今天听了论坛的演讲和研讨发言，笔者深深地感到，中国的农业保险责任重大，意义深远。中国的农业从国际视野看是没有优势的，耕地少，经营方式落后，成本高，效益低，抵御风险能力差，进口要比自产划算得多。但是，中央一直把农业作为经济工作的重中之重来抓。这是因为中国人口众多，吃饭问题永远都是大问题，而且吃饭问题永远都得自己解决，不能把饭碗交给其他任何人和国家，这是中国人命运攸关的大事，不管我们的农业赔钱还是赚钱，都应该这样做。所以，农业保险就显得尤为重要。

但是，要搞好农业保险是非常不容易的，就自然风险来说，我们和美国没有多大差别。同在一个地球上，只是地理位置不同，我们发生自然灾害，他们也会发生自然灾害。但从社会风险来讲，差别就大了。我们是农户小生产，他们是企业大生产。我们农业保险的承保、理赔对象主要是家庭农户，工作量之大不说，仅管控道德风险就是一个十分棘手的问题，工作不依托村委会和村民小组不行，依托了又增加了一层道德风险。怎样搞好我们的农业保险？第一责任是保险公司，关键也是保险公司。党中央、国务院安排了农业保险制度，交由保险公司来做，这是农业治理方式的根本变化，是国家治理体系和治理能力现代化在农业方面的具体体现。过去这方面的事情都是由政府直接操刀的，不可能把大量的财政补贴交给保险公司来经营。农业保险能不能做得让政府放心、农民满意，就看保险公司的能力、水平和担当了。所以，保险公司做农业保险，必须胸怀大局，把农业保险当作国家的大事来做，不能仅仅在自己的一亩三分地上打转转，当然，也要保证保险公司的微利，否则，也做不下去。重要的是产品创新、技术创新和控制道德风险。这是讲责任重大问题。

所谓意义深远，不论纵向看，还是横向看，农业保险的意义都是深远的。中国的历史可以说是一部农业文明灿烂辉煌的历史，一个重要的原因就是得益于一家一户、男耕女织的小农经济，利益直接，生产生活一体，经济社会结构稳定。它也是中国两千多年皇朝的经济社会基础，而每当一个皇朝出现土地大量被兼并，男耕女织家庭遭破坏，大量农民流离失所时，农民起义就爆发了，皇朝就更替了。中国共产党就是要打破这种皇朝轮替的周期律，打土豪分田地，让农民永远成为土地的主人，不让历史重演。但是中华人民共和国成立后不久，我们又走向了另一个极端，土地全面集体公有，实行计划经济制度，结果是好坏不分，种田能手和混日子的懒汉一个样，造成了农副产品全面短缺。

改革开放以后，实行家庭承包责任制，恢复了一家一户农业生产，但是这和两千多年男耕女织的家庭是不一样的。一是土地确权给农民。“三权”分离，所有权是集体的，承包权和经营权是家庭的，只有经营权是可以流转的，不会再出现土地被大量兼并，农民处于一无所有的境地。承包权固定在家庭，可以使农民有稳定的土地，经营权流转，可以保证能人大户经营、合作社经营、企业化经营。二是农民不是自给自足了，而是联系着社会化大生产，农副产品主要不是自用，而是卖出，衣不是自织，而是购买。这是历史性的深刻变革。农业保险的出现，国家做出农业转移风险的制度安排，必将深刻地促进这种历史性变革。

横向看，改革开放后，中国的农业发生了三个重大变局：一是家庭承包责任制，计划经济向市场经济过渡，小农户对接大市场；二是取消农业税，种地给补贴，不收税从来没有过；三是农业保险制度，农户承保，政府补贴，公司运作，为农业保驾护航。农业保险与前两者并驾齐驱，同等重要，可见，意义多么重大而深远。

写于2015年9月

第十一谈

“两个错位”是导致寿险业销售误导的深层次原因

所谓“两个错位”，一是寿险业的功能错位，二是寿险业的目标错位。寿险业的功能错位，即寿险业提供的产品主要不再是保障产品，而是理财产品，或者可以说，以理财为主，保障为辅，这就犯了本末倒置的错误。

金融业的三套“马车”，即银行、证券、保险，各有各的功能，各有各的定位。银行是做资金买卖的，就是买进资金，卖出资金。买进资金表现为吸收存款，卖出资金表现为发放贷款，各种资金通过银行流转就是结算。所以，银行最基本的业务就是存款、贷款与结算。证券主要是经营股票和债券的。股票是股权的买卖，债券是债权的买卖。保险则是与风险结伴而行的，有风险才有保险。投保人通过支付保费购买保险产品，把风险转移给保险公司，在发生保险产品责任范围内的风险时获得保险金赔偿，或者在达到保险产品约定的年龄、期限等条件时得到保险金给付；保险公司通过开发和卖出保险产品，收取保费，在投保人和被保险人发生保险产品责任范围内的风险时赔付保险金，或者投保人和被保险人在达到保险产品约定的年龄、期限等条件时给付保险金。这就是保险的功能。然而，多年来我们的寿险业竭力弱化保险的保障功能，不断强化投资理财功能，这一点从我们的寿险产品结构和保费收入结构可以看得很清楚。

寿险业的目标错位，即不是以盈利为目标，而是以保费收入为目标，盲目追求保费规模和市场份额，或者把盈利寄希望于未来具有不确定性的投资收益上，这是很不正常的。任何企业都应该以盈利为目标，盈利是最综合的经营指标，其他各项指标的好坏最终均能够通过盈利指标反映出来，寿险公司同样如此。寿险公司的盈亏是通过费差损益、死差损益和利差损益来实现的，多年来寿险公司置费差不顾、死差不计，只寄希望于期货、期权式的利差。

“两个错位”必然导致销售误导，而且是导致销售误导的深层次原因。具体表现为：一是“保费论英雄”，粗放经营。任务年年加码，鞭打快牛，搞得高管和销售人员整天不顾一切地疲于奔命、“跑马圈地”。二是短期行为，恶性竞争。为了拉业务、上规模，盲目抬高手续费率，私下给有业务资源的机构和人员好处费，财务上变票造假，导致业务、财务数据失真。三是混淆保险产品与银行产品的性质，隐瞒保险合同上的重要内容。将保险产品与银行存款、国债、基金进行片面比较和承诺，或将保险产品混同为银行存款和银行理财产品进行销售，造成客户将保单当存单持有；夸大保险产品不确定收益，不说明保险责任和责任免除，造成理赔给付时客户实际得到收益与销售演示收益落差过大；不说明费用扣除和退保损失，造成退保时客户损失过大而难以接受；不说明缴费期限，长险短做，既造成客户缺乏继续缴费准备，又兑现不了销售人员的口头承诺。

写于2011年5月

第十二谈

改变,是步入现代保险服务业的出路

《国务院关于加快发展现代保险服务业的若干意见》(以下简称“《若干意见》”)对保险的定位之高前所未有,要求之高前所未有,与此同时,它给保险从业人员带来的振奋也前所未有,带来的压力也前所未有。《若干意见》作为顶层设计对于国家需要什么样的保险、社会需要什么样的保险、人民群众需要什么样的保险已经讲得十分清楚了。对照国务院《若干意见》,俯瞰保险业的现状,虽然有了一定的业务规模和较为完整的市场体系和监管自律体系,但面临的两个矛盾却仍十分突出。一是国家的高定位和社会低地位的矛盾;二是国家的高要求与公司低运行的矛盾。这种矛盾集中表现在广大公众对保险意见大,认可度低,购买意愿低;保险公司急功近利圈保费,恶性竞争抢保费,缺乏为经济社会转移风险、提供保障的运行高度。怎么办?唯一的出路就是改变。

第一,回归保险本源进行改变。保险业的拿手活是经营风险、提供保障,这是保险与银行、证券、信托等其他金融的本质区别,也是保险业的生存发展之本,生存发展之源。可是,多年来保险业似乎忘了本,脱离了源,尤其是寿险公司在实际运行中造成了“两个错位”,一是功能错位,寿险产品保障性越来越低,理财性越来越高,且理得效果很不理想，导致消费者不满，由此积累了大量满期给付和退保风险。二是目标错位。寿险公司不是以盈利为目标，不是以为社会提供保险保障为目标，而是以保费收入为目标，由此导致了一系列恶果：一是“保费论英雄”，粗放经营，搞得高管和销售人员整天不顾一切地疲于奔命、“跑马圈地”。二是短期行为，恶性竞争。为了拉业务、上保费，盲目抬高手续费率，私下给有业务资源的机构和人员好处费，财务上变票造假，业务、财务数据失真。三是销售误导，不如实告知，损害消费者利益，投诉诉讼案件不断增加，经营风险的保险业自身却制造出了大量风险，这十分具有讽刺意味。国务院《若干意见》的若干内容，都是让保险如何发挥风险管理功能，提供保险保障，没有让保险发挥理财功能，提供理财服务。至于保险资金运营、资产管理、保值增值是由保险本源派生出来的，是间接对经济社会发展的作用，不是保险对国家治理、经济社会发展的主要功能。这倒不是说保险不能有理财产品，但它只能是辅助于保障的，不能是主导的、主流的，不能本末倒置。基于这样的认识，从保险业的实际出发，回归保险本源，应该在补短板、惠民生、解难题上多下点儿功夫。所谓补短板，就是要补责任险、意外险的短板。这两类保险涉及面广，最能体现保险转移风险、提供保障的本质特性，而我们目前做得实在太差。所谓惠民生，就是要抓住医疗养老这两块儿需求，真正把商业保险建成社会保障体系的重要支柱。拿住院医疗保险来说，保险业就做不出超越于社保医疗用药目录和检查标准的保险产品。社保医疗是广覆盖、低保障，用药目录和检查标准肯定低，正因为如此才需要商业住院医疗保险提供多样性、满足不同人群需要的超越社保医疗用药目录和检查标准的保险产品，可保险业现在提供不出来，这就是今后要做的。所谓解难题，对于政府和小微企业来说，融资难、融资贵，一直是个大难题。之所以难，除了缺少与小微企业匹配的中小银行外，就是小微企业的风险难以把控，那么保险就应该对此有所作为，积极提供信用保险和保证保险，为解决小微企业融资难、融资贵做出贡献。

第二,用互联网思维进行改变。人类社会已经进入到了互联网时代,互联网已经渗透到各行各业,被人们广泛应用,它是现代社会的显著特征。现代社会,包括国家治理现代化、社会管理现代化、企业经营现代化,都离不开互联网化,金融保险业同样如此。对于银行,阿里巴巴集团马云曾发出强烈声音,银行不改变我就改变银行。当时一些人认为是口出狂言,银行则不屑一顾、嗤之以鼻;直到2014年一季度末仅推出9个月的阿里余额宝余额达五千四百多亿,银行存款下降九千多亿时,银行坐不住了,开始是强烈声讨、极力扼杀;后来则是纷纷与互联网大佬合作,推出网上理财、网上信贷、网上结算。互联网使得银行不得不改变,否则,网上各种理财宝,就可以使银行大量存款搬家,网上P2P信贷、众筹融资,就可以使银行贷款受到冲击,网上第三方支付,就可以使银行结算大大减少。我预测,由于移动互联网和穿戴互联网的广泛使用,今后10年内大量的银行网点将会消失。保险也是如此,保险不改变,就会有人改变保险。互联网保险,绝不仅仅是网上销售保险产品那么简单,而应是全方位、全流程的互联网保险,从产品开发到销售、承保、理赔等都会运用互联网。人的互联网到物的互联网,使得核保核赔将变得比较容易,而且能够有效防范保险诈骗;保险合同条款会变得十分简单,按照不同保户的风险情况和收入水平,进行个性化的量体裁衣,私人定制保险会得以实现;甚至不用先交保费买保单,而只要成为某互联网保险公司的会员,当遇到共同约定的风险时,就可以按照共同约定的保障金额,实行互助,进行众筹,及时支付给出险人。现代保险服务业是国家的需要,社会的需求,但在互联网、物联网时代,绝不意味着只是现有的保险公司才能做保险、只是现有的保险从业人员才能做保险,它是一个开放性系统,谁都可以做,只要能做到国务院《若干意见》定位的现代保险服务业的高要求、高水平,满足各类不同需求,就会有客户、有市场。而那些不改变、老观念、老干法的公司和人员必将被淘汰。互联网独特的优势就是不受时空限制；扁平化、管制少、成本低、效率高；平等、互动、分享；充分满足用户的个性化需求。互联网思维必须以客户为先导，卖方围着买方转，乃至和买方共同设计产品。互联网时代的保险必须围绕客户个性化需求转，必须市场细分，小米手机的成功就是典型的例证。而保险业现在的保险产品都是一个样、同质化，你有我也有，你没有我也没有，归结到一点就是让客户围绕公司转，我卖啥你买啥。这种模式必须改变。

互联网的根和核心技术在美国，但是中国对互联网技术的应用一点儿都不逊色于美国，中国的网民群体之庞大没有哪个国家比得了，中国的多个互联网公司在全世界都处于领先地位，最新评出的中国首富前三甲都是互联网公司，分别是阿里巴巴马云、腾讯马化腾、百度李彦宏，房地产的王健林已被挤到第四位，互联网公司，包括这次排第六位的京东电子商务的刘强东，财富特点都是草根、民营、纯市场化，没有官商勾结、潜规则。如果说近300年的工业化时代我们一直是落后的，那么互联网时代我们终于先进了，而且是靠市场经济的力量先进的。保险业只有跟上互联网时代的步伐，才能成为现代保险服务业。

写于2014年9月

第十三谈

关于保险营销员的思考

保险营销是保险经营各环节的重头,所以,保险营销人员就成了保险从业人员的大头。这是由保险的特性决定的。国内外保险概莫能外,美国如此,日本如此,中国同样如此。中国大约有 400 万保险从业人员,保险营销员就有 330 万,占 82.5%。保险产品是信用产品,产品的开发、承保、理赔、客服等环节用人均比较少,特别是在信息技术高度发达的今天,业务、财务等均实现总部大集中,用人更是相应减少,唯有销售环节用人最多,可以说,人身险省级以下分支机构基本上就是销售公司。而且,保险产品的销售业务不像银行那样可以大量设网点、建柜台开展群体性作业,而主要是依靠一对一、面对面、专业化销售。

中国保险业自 1992 年引入现行保险营销管理体制以来,形成了庞大的保险营销员队伍,使得保险业取得了举世公认的长足发展。现在回过头来总结和反思这个过程,无论是对过去,还是对未来,都是大有益处和价值的。

总体看,中国保险营销员贡献很大,人才不少,问题严重,必须改革。

第一,关于贡献很大。直接的贡献当然是保险产品的销售实现了突飞猛进的发展,保费收入快速增长。2010 年全国保费收入14528亿元,其中通过保险营销员实现保费收入4682亿元,占总保费收入的

32.23%；寿险保费收入9680亿元，其中通过寿险保险营销员实现保费收入3588亿元，占寿险总保费收入的37.07%。间接的贡献则是广泛地向社会“传导”了保险知识和理念。过去计划经济时期，人们接受的都是国家人、公家人、单位人的教育，有问题找国家、公家、单位，全社会都没有风险和保险概念，普遍缺乏保险意识、保险知识。保险营销员这支庞大的队伍不辞辛苦、不厌其烦地为人们讲保险、说保险，传导着保险理念和保险知识，销售着保险产品，他们的足迹遍布大江南北、城乡各地、大街小巷、千家万户。他们最大限度地向社会传导了保险理念，普及了保险知识，这种贡献虽然不能用数字来衡量，但却是功不可没。

第二，关于人才不少。首先，保险营销员形成的过程，正处于我国计划经济向市场经济过渡的社会大变革时期，下岗再就业、毕业生就业、农民工进城务工等给保险营销提供了丰富的人力资源，其中不乏各种各样的人才，他们在保险营销中找到了自己的位置，大显身手，做出了优异的成绩。其次，保险营销员体制是没有“铁饭碗”可端，没有“大锅饭”可吃的制度，职位级别和收入直接与业绩挂钩，没有相应的业绩不会有相应的职级和收入。反过来，有了相应的业绩必然有相应的职位级别和收入，一目了然，明明白白。这种制度彻底改变了传统的组织考核、领导研究的提职晋升制度，最大限度地降低了人为因素的潜规则，最大限度地体现了个人因素、个人能力的主导作用。加之，公司的集中培训，行业的后续教育，晨会的充分交流，团队的互相促进等，使得人才脱颖而出，精英不断涌现。所以，必须正视保险营销员队伍，它是一支不乏人才的队伍，通过保险营销成为人才的人是有着过硬本领的。

第三，关于问题严重。严重到什么程度呢？从某种程度上可以说已经影响到了中国保险业未来发展的命运。保险产品是信用产品，体现的是最大诚信原则，当人们对保险失去信任了，保险业发展的生命也就停止了。所以，中国保险业最大的风险是保险业整体失信的风险。一个时期以来，保险业一大突出问题就是销售误导，诚信缺失，这在很大程度上是保险营销员所造成的。保险营销员占保险从业人员的大头，是保险销售的主力军，他们工作在保险第一线，直接与保险消费者打交道，代表着保险业的水平和形象。可以说，社会公众对保险的感受主要是通过保险营销员实现的。保险的后援人员素质再好，水平再高，却不直接或很少直接与消费者打交道，公众感受不到。所以，保险营销员事关保险业的形象、公信力和发展大局。

保险营销员的销售误导、诚信缺失由两部分人导致。一部分人是明明白白地误导，应该叫作“睁眼说瞎话”。他们对保险知识、保险产品都搞得比较明白，但销售时却专拣好听的说，夸大地说，而责任免除、费用扣除、分红不确定性等不好听的话基本不说。其原因主要是受“业绩论英雄”的影响。按照各公司的“基本法”，保险营销员没有业绩就站不住脚，业绩少就晋升不了，收入自然就少；业绩越高，晋升越快，收入越高；且不管过去干了多长时间，哪怕十年八年，也不管过去业绩多高，贡献多大，只要三个月没了业绩，就得出局，致使保险营销员在生理和心理上始终处于高度紧张状态，疲于奔命，只能搞短期行为，掠夺性销售，不顾一切地上业绩。另一部分人是稀里糊涂地误导，应该叫作“闭眼说瞎话”。保险营销员进入门槛比较低，使一些素质确实比较差的人进入到了保险营销行列，他们本身就搞不清保险的原理和保险产品，却去销售保险产品，必然是歪嘴和尚——把经念歪。销售误导，直接的后果就是使一些保险消费者对保险失去了信任以至于退保，而过了犹豫期的退保需扣除各项费用，这往往会给消费者造成很大损失，由此，使其最终对保险失去信任，结论就是“保险是骗人的”。不仅如此，消费者还会大张旗鼓地传导“保险是骗人的”的结论，一传十、十传百……起码要奉劝其亲朋好友不要买保险，这对还比较脆弱的中国保险业影响会有多大是可想而知的。

此外，保险营销员的“大进大出”，也会给脆弱的中国保险业带来很大伤害。据有关调查显示：目前的情况是，做保险营销员能够坚持一年的不到30%，能够坚持两年的不到15%。这种“大进大出”，出去的人能有多少说保险好的呢？他们没有社会保障的安全感，没有社会地位的自豪感，没有事业前途的憧憬感，有的只是朝不保夕的疲于奔命和随时可能出局的恐慌。他们也会一传十、十传百……起码要奉劝其亲朋好友不要做保险。当前，增员越来越困难就是证明，一些学保险专业的大学生也不愿意参加保险工作也很能说明问题。保险营销员的“大进大出”也给保险消费者带来了不安全感。今天这个保险营销员还给人家讲得斩钉截铁，明天就出局不干了；今天销售这家公司的产品讲得信誓旦旦，明天就跑到另一家公司了。

之所以会出现“大进大出”的局面，一是进入保险业门槛过低，基本上什么人都可以进，进来了干不下去只能出局；二是不断有新的公司进入保险市场，人员在公司之间流动快；三是受“业绩论英雄”影响，没有业绩就会被淘汰，业绩好的也难以长期站稳脚跟儿，素质好的也不可能月月业绩好、年年业绩优。不管人的主客观情况发生什么变化，也不管过去业绩有多大，干的时间有多长，只要三个月没业绩就出局，于情于理都讲不通。那些平时素质好、干的时间长、业绩突出，只是一段时间，或因个人(如生病)原因，或因家庭原因，或因其他什么原因没有业务，就不得不痛苦地离开保险业，且不给保费续期手续费收入，又没有任何保障，他们怎能不抱怨，他们怎能说保险好呢？如此下去，那些素质好的人谁还敢做保险，谁还愿意做保险？

要想解决上述问题，就必须改革。改革首先要从保险的特性出发，那就是保险销售是保险的重头，保险营销人员是保险从业人员的大头。由此，研究问题的立足点应该是实行什么样的保险营销制度，形成一支什么样的保险营销队伍问题，而不是要不要保险营销，要不要保险营销员，要多大规模的保险营销员问题。

改革总的原则应该是三个“有利于”。一是有利于保险消费者。保险产品和其他产品一样，消费者永远是上帝，保险营销制度、保险营销人员应努力满足消费者的需求，使他们真正感受到保险的良好服务和购买保险的好处,从而使他们坚信保险的价值,形成正面"传导"力量,让更多的人接纳保险。这是十分重要的。二是有利于从业者。要让从事保险营销的人员有社会地位,有社会保障,有稳定感、安全感和事业感,同时,也要让他们有压力、有动力、有积极性和创造性,不能端"铁饭碗",吃"大锅饭"。三是有利于行业发展。必须使保险营销有利于行业形象的塑造,有利于行业诚信的打造,有利于行业的长远发展。任何不计后果的短期行为,都会使整个行业的信誉受损,若行业信誉受损,就无所谓公司的成功,即使一时成功,最终也会摔下来。

怎么改?一是改革制度,二是改变队伍。

关于改革制度。不同的制度,产生不同的行为,导致不同的结果。现在保险营销员的是与非、长与短就是现行保险营销制度的结果。改革现行保险营销制度要取其长,补其短,不能推倒重来。取其长,就是要保留其业绩挂钩,职位自动升降,收入对号入座的运行机制。其好处是:彻底改变了以往组织考核、领导研究的用人、分配机制,简单明了,行之有效,极大地减少了人为因素。只有保留现行保险营销制度的精髓,才能使人有压力、有动力,从而释放出其应有的积极性和创造性。补其短,就是要提高准入门槛,实行公司统一招聘;给予最低工资保障,取消营业税征收,减少所得税征收,让保险营销员个人缴纳社保;连续在一家公司工作十年以上不允许淘汰,且后续的社保缴费由公司承担大头儿;实行扁平化管理,取消人拉人、金字塔式的销售管理模式;实行保险营销员等级管理,不同等级的保险营销员销售不同的保险产品。

关于改变队伍。核心是通过改革制度改变保险营销员的队伍结构,使保险营销员能够把保险营销当作事业来做。要通过制度改革,从源头上把住进人关,不再搞人海营销,要靠人才取胜;要通过制度改革,留住高才、组合中才、排除赖才;要通过制度改革,保护人才、打造人才、使用人才;要通过制度改革,使人才有安全感、稳定感,有信心、有决心做好保险营销;要通过制度改革,使保险营销员有身份、有地位、有奔头。

写于2011年6月

第十四谈

保险文化要体现保险的本质要求

现在保险业都在大张旗鼓地讨论保险行业文化和保险监管文化的核心价值理念。笔者认为，保险行业文化核心价值理念应表述为“诚信为本，保险为民”，保险监管文化的核心价值理念应表述为“诚信为本，监管为民”。如此表述体现了三个方面的特性：一是体现党和政府的执政理念。党和政府的执政理念是执政为民，保险行业文化和保险监管文化的核心价值理念应该与党和政府的执政理念相吻合。二是体现保险的本质特性。保险的本质特性是互助性，即“一人为众，众为一人”。互助是建立在互信基础上的，而互信又是建立在诚信基础上的，所以，保险的最大原则就是诚信，这是各国《保险法》都规定的。无论是保险行业文化核心价值理念，还是保险监管文化的核心价值理念都应该以“诚信为本”。三是体现民本思想。保险行业的发展最主要的是取决于众多保险消费者的认同和购买，客户永远是上帝，同时，保险行业的发展归根结底还是要为保险消费者服务，满足人民转移风险的需求。保险监管最主要的是维护保险消费者的权益，使其避免遭遇销售误导和理赔难的问题，说到底还是为人民服务，保护人民利益。所以，保险行业文化核心价值理念和保险监管文化的核心价值理念最终应该殊途同归，落脚点都应以民为本。

文化是要能够潜移默化地渗透到人们骨子里的东西，是能够教化人、感召人的东西，是能够形成习惯、习俗的东西；文化应该是一以贯之、一脉相传的，不应该是多变的，更不应该随着领导人的变换而随意变化；核心价值理念表述要精准，要易记，不能多元，不能混杂，不能和工作职责混为一谈。由此，将保险行业文化核心价值理念表述为“诚信为本，保险为民”，将保险监管文化的核心价值理念表述为“诚信为本，监管为民”，是符合文化和文化核心价值理念一般性特征的。

写于 2011 年 7 月

第十五谈

保险与百姓生活

2014年8月13日,国务院发布的《关于加快发展现代保险服务业的若干意见》(国发[2014]29号)明确指出,保险是现代经济的重要产业和风险管理的基本手段,是社会文明水平、经济发达程度、社会治理能力的重要标志。加快发展现代保险服务业,对完善现代金融体系、带动扩大社会就业、促进经济提质增效升级、创新社会治理方式、保障社会稳定运行、提升社会安全感、提高人民群众生活质量具有重要意义。保险如此重要,但是,“保险是什么,保险能做什么,保险是怎样做的,如何看懂保险合同”等一些基本问题,在实际经济社会生活中,百姓往往是不太清楚的,这就影响了人们对保险的使用,甚至对保险还会产生种种误解,今天,面对众多保险客户,笔者要讲讲这些基本问题。

一、保险是什么

大家都知道,风险,无时不在、无处不有。自有人类社会以来,无论是原始的采集狩猎社会,还是男耕女织的农业社会;无论是资本主导的工业社会,还是互联网时代的信息社会,风险总是伴随着我们,自然的、社会的、经济的、政治的,各种各样。大到国家、小到个人,都不得不面对。而且,不管发达还是落后,不管富有还是贫穷,都是一样的。美国社会那么发达,飓风年年都光顾它,“9·11”恐怖袭击也没能躲过,“次贷危机”波及全世界。个人同样如此,最起码生老病死都是躲不过去的。

人是高级动物，有思维、有智慧。既然风险客观存在，那就得和风险做斗争，寻求规避风险、控制风险、化解风险的办法。可以说，人类社会的发展过程，也是与风险不断抗争的过程。

保险就是在与风险抗争的过程中诞生的，它是应对风险的手段，是应对风险的制度安排。保险与风险是孪生兄弟，它们结伴而行，有风险才有保险。这里不妨给大家讲几个关于保险的历史故事，从中可以看到保险与风险的密切关系。第一个，保险思想产生于沙漠。大约3000年前，古巴比伦的一部《法典》规定，沙漠商队在运输货物中，如果马匹死亡、货物被劫，或发生其他损失，经当事人宣誓并被证实当事人无纵容或过失行为后，可免除其个人的责任，由商队全体给予补偿。保险思想由此产生。第二个，第一张保险单诞生在海上。1347年，意大利商船一个船长与一个意大利商人约定，船长先存一些钱给商人，如果6个月内商船顺利抵达目的地，那么这笔钱就归商人所有，否则商人将承担船上货物的损失。这样一份在今天看来并不完备的协议就成了海上保险的保单，也成为现代商业保险的起源。第三个，人身保险源自奴隶贩子。哥伦布发现新大陆之后，欧洲人开始从非洲贩运奴隶。15世纪末，奴隶贩子开始将海上贩运的奴隶作为货物投保海上保险，这是以人的生命为保险标的商业保险的源头。后来，船员和乘客也开始投保海上保险。第四个，一场大火“烧”出了首家保险公司。1666年9月2日，位于英国伦敦市中心的皇家面包店因为烤炉过热起火，引起了一场火灾，在经历了这场灾难之后，一个叫巴蓬的医生和他的朋友筹办开设了世界上第一家火灾保险营业所。1705年，该营业所更名为火灾保险公司，巴蓬本人也被誉为“现代火灾保险之父”。

有风险就有转移风险的需求，对应的就是投保人，即买保险的人；而有需求就有经营风险、提供风险保障产品的供给者，对应的就是保险公司。投保人通过支付保费购买保险产品，把风险转移给保险公司,在发生保险产品责任范围内的风险时获得保险金赔偿,或者在达到保险产品约定的年龄、期限等条件时得到保险金给付;保险公司通过开发和卖出保险产品,收取保费,在投保人和被保险人发生保险产品责任范围内的风险时赔付保险金,或者投保人和被保险人在达到保险产品约定的年龄、期限等条件时给付保险金这便是保险。有了保险,人类社会由个体应对风险变为群体应对风险,由事后应对风险变为事前应对风险,由政府应对风险为主变为由市场应对风险为主。

二、保险能做什么

首先,保险能进行经济补偿。经济补偿是保险最基本的功能,也是保险区别于其他金融行业的最本质的特征。银行是做资金买卖的,证券是做股权或债权买卖的,保险是做风险保障的。经济补偿功能表现在财产保险上,就是在特定灾害事故发生时,在保险的有效期和保险合同约定的责任范围以及保险金额内,按其实际损失金额给予的赔款。人身保险的给付则是在保险合同约定的保险事故发生或者约定的年龄到达或者约定的期限届满时,保险公司向被保险人或受益人支付保险金。与财产保险不同,由于人的生命是无价的,只要是法律允许的,一个人购买多少份保险,获得多少理赔和给付金额都是不受限制的。而财产保险就同一保险标的(即被保险物),无论投保多少份保险,发生保险事故时,理赔金额也不能超过保险标的本身的实际价值,否则,就是不当得利。这里可以通过发生于2013年内蒙古呼和浩特市的两个理赔案件得到理解。

案件一:2003年9月30日,王某在中国人寿保险股份有限公司呼和浩特市分公司为本人投保康宁定期保险,保额5万元,保费1400元,已交10年保费共1.4万元;2013年3月19日追加投保两份国寿综合意外伤害保险产品,每份保费100元,死亡保额4万元;被保险人母亲2011年1月22日为被保险人追加投保两份国寿福禄呈祥两全保险,每份保费5万元,保额51295元(但意外身故的给付保险金=

保额×身故时缴费年度数×2)，已交3年保费共30万元；2011年4月14日，被保险人母亲再次为其投保国寿福满一生两全保险，保费10940元，保额2万元(但意外身故的给付保险金=保额×10+共交保费)，已交3年保费共32820元。2013年5月22日22时30分，被保险人王某乘坐那某驾驶的小型轿车行驶在高速公路上，与另一小轿车发生正面碰撞，造成驾驶人那某、被保险人王某以及另一小轿车两位乘车人当场身亡。2013年7月30日，受益人到中国人寿呼和浩特市分公司柜面申请理赔，所携资料各保单原件、道路交通事故认定书、户口注销证明、殡葬证、尸检报告各一份。接到案件后，公司对出险人、受益人身份进行了核实，对系统中合同进行了确认。理赔结果：根据《康宁定期保险》第四条第二款规定，给付被保险人身故保险金5万元，本合同终止；根据《国寿福禄呈祥两全保险》第四条第二款、第三款规定，给付被保险人身故保险金和意外身故保险金，两份保单给付保险金61.6万元(保额的6倍)，合同终止；根据《国寿福满一生两全保险》第五条第五款、第六款规定，给付身故保险金和意外身故保险金23.3万元，本合同终止；根据《国寿综合意外伤害保险》保险责任第一款规定，给付被保险人身故保险金，两份保单给付8万元，合同终止。最终，以上所有保险险种客户共缴纳保费34.7万元，发生风险后，保险公司共计给付保险金97.84万元。

案例二：某机电设备有限公司在中国太平洋财产保险股份有限公司呼和浩特中心支公司为其存放在某仓储公司B库内的空调投保了财产综合险，保险金额为1600万元，保险责任期间从2011年4月12日零时起至2012年4月11日24时止，共计缴纳保费2.4万元。2011年10月23日，由于该仓储的A库和B库发生火灾，导致承保的空调受损。太平洋财险公司接到报案后，立即开展现场查勘，同时成立以内蒙古自治区分公司理赔经理为首的事故处理小组，于2011年10月24日，聘请某公估公司对案件进行查勘和评估，经过认真审核，共计向被保险人赔付901万元，该案于2013年2月5日结案。这样的理赔案例太多了,内蒙古保险学会从2013年进行统计报告,原设定5万以上的赔案就报,结果太多了,后来文字只报10万以上的,5万—10万的只能列表报。2013年一年内蒙古自治区各保险公司就支付给保险客户理赔和给付款近100亿元。

其次,保险可以融通资金。资金融通的功能是基于保费收入与赔付支出之间既存在时间差,也存在数量差,保险事故的赔款和给付在同一时间同时发生的概率较小。由此,保险公司收取的保险费不可能一次全部支付出去,这就会形成一定量的保险基金或者叫闲置资金。同时,保险公司为了经营稳定,必须保证保险基金的保值增值,这就要求保险公司对保险基金进行运用,资金融通的功能由此产生。大家都知道银行能够发放贷款,但一般都是短期资金的融通,因为它是吸收存款,发放贷款,存款有存有取,贷款期限不宜过长。保险,特别是人寿保险,很多保单缴费时间较长,它是对客户做出的未来给付和理赔的承诺,保险公司对集中的保费必须保值增值,去投资运作,这种资金的运作需要期限长、收益稳定,一般都是总公司运作,运作大的项目,比如三峡工程、高铁项目等。

再次,保险可以辅助社会管理。过去,我们经常说,用经济手段管理社会,保险就是很好的经济手段。比如,在我国比较普及的是车辆险,不论公车、私家车都要上个保险,至少要上个交强险。出现风险,由保险公司进行理赔,补偿了当事人的损失,又发挥了社会管理功能。试想,如果没有保险,机动车交通事故都由当事人自行处理或由政府解决,不用说车辆损失,仅人员伤亡就会带来相当大的不稳定问题。普及率最高的车辆保险,有事保险公司处理,谁还到政府闹事。各种责任险,诸如食品、旅游、校园、医疗、雇工、产品、污染等,我们还没有很好发展起来。城乡大病补偿医疗险也才刚刚开始。什么都靠政府是落后的社会管理方式,市场经济下风险管理也要市场化。

三、保险是怎样做的

它运用的是概率论大数法则、互助性原理。比如,某类风险随时随地可能发生,有众多的投保人需要转移风险,但出现风险的概率是可控的,此类风险投保人不可能同时发生,那么,众多的投保人购买此类风险的保险产品都分别投入一点儿保费,集合到保险公司就是一大笔保费,当部分投保人出现风险时,就可以从这笔大的保费中获得高于投保人所交保费几倍、几十倍乃至上百倍的赔款。循环往复,连续不断,保费越滚越大,应对风险的能力也就越来越强。这也就体现了互助性,即"一人为众,众为一人"。多数人交点儿小钱,可以成为应对少数人出现风险的大钱;平日里交点儿小钱,可以成为应对出现风险的大钱;健康时交点儿小钱,可以成为应对疾病时的大钱;年轻时交点儿小钱,可以成为应对养老时的大钱等。简单地说,保险就是这样做的。至于精算师怎样精算产品,死差损益、费差损益、利差损益,那就太复杂了。

保险是个大产业,可以说无所不保,只要是可经营的风险,都可以有保险。风险各种各样,保险也各种各样,诸如企财险、家财险、车辆险、意外险、人身险、健康险、养老险、旅游险、学平险、责任险、信用保证险等。发达国家,地震风险都可保,不像我们临时抱佛脚,依靠捐款和政府财政拨款应对。

保险是好东西,它是人类社会的伟大发明,是现代社会的重要标志。它的理论是科学的,实践是成功的。西方发达国家之所以发达,之所以社会比较稳定,与他们有发达的保险业是密不可分的。首先,他们有政府主导的比较完善的社会保障体系;其次就是有发达的商业保险,能够满足不同层次多元化的保障需求,他们15%—25%的收入用来购买商业保险,每个人、每个家庭都有多个保单。与之相比我们的差距很大,2012年人均保费我国178.9美元,世界人均655.7美元,美国4047美元,我国台湾地区3760美元。我们的保险业之所以与之差距很大,主要原因有两个方面,一是我国长期搞计划经济,给人们灌输的是国家人、公家人,国家会管的、政府会管的观念,全社会缺乏风险意识和保险知识,普遍存有侥幸心理和"等、靠、要"思想。公众需要学保险、懂保险、用保险。二是保险业本身做得还不够好，销售误导、理赔难问题一直存在，社会公信力不够高。

四、如何看懂保险合同

保险实际上买卖的就是保险合同，它是投保人与保险人约定保险权利义务关系的协议。保险合同很重要，但大家都觉得看不懂，这固然有保险人需要简化改进的一面，同时，也有投保人抓不住要领、不会看的一面。怎样看懂保险合同呢？概括地说，只要抓住“四个人”“两个金额”“两个责任”“三个期间”就能看懂个八九不离十了。

“四个人”，就是保险人、投保人、被保险人、受益人。保险人是指与投保人订立保险合同，并承担赔偿或给付保险金责任的保险公司；投保人是指与保险公司订立保险合同，并按照保险合同负有支付保险费义务的人；被保险人是指其财产或人身受保险合同保障的人，如果投保人以自己为被保险人进行投保，投保人与被保险人就是同一人；受益人是指人身保险合同中由被保险人或者投保人指定的享有保险金请求权的人，投保人、被保险人可以为受益人。

“两个金额”，一个是保费金额，一个是保险金额。保费金额是指投保人购买保险产品所支付的款项；保险金额是指投保人与保险公司在保险合同中约定的、当保险事故发生时保险公司承担给付保险金责任的最高限额。

“两个责任”，一个是保险责任，一个是责任免除。保险责任是指当保险合同约定的保险事故发生时，保险公司承担的经济补偿或给付保险金的责任；责任免除是指在保险合同中约定的保险公司不承担责任的事故范围，如被保险人因故意犯罪导致其自身伤残或死亡等。

“三个期间”，一个是交费期间，一个是保险期间，还有一个是犹豫期间。交费期间是指投保人与保险公司签订保险合同时约定的缴费年期，比如投保人选择的是 10 年交费的寿险产品，那么交费期间就是从第一年交费保险合同生效起到最后一年交完保费的十年期间;保险期间是指保险合同约定的保险责任开始到保险责任终止的期间;犹豫期间是指投保人签收保险单后的若干天,通常为10天,在此期间投保人提出解除保险合同,保险公司扣除工本费后将退还全部保险费。

五、百姓容易对保险产生的几个误区

误区一:购买保险后,不论发生什么事故,保险公司都该理赔。任何一款保险产品都有其特定的风险责任,买的农业保险,不可能在工业生产出现风险时获得理赔;买的医疗保险,不可能在养老时获得给付。没有一款保险产品具有全能性,即使是风险保障范围比较宽的保险产品,承保的风险依然是有限制的,当然,缴纳的保费也会高。买保险就是要把风险转移给保险公司,公众在选购保险时,一定弄清楚要转移什么风险,同时,还要考虑缴纳保费的经济承受能力。千万不要以为买了保险,不论发生任何风险,保险公司都该承担理赔和给付责任。超出了保险合同责任范围的风险,保险公司是不可能承担赔付或者给付保险金责任的。

误区二:保险到期后,没有发生理赔现象,就吃亏了。这是对保险的道理缺乏理解的表现。保险的基本道理是概率论、大数法则、互助性。它是集众人每人交一点儿小的保费,应对部分人出险理赔大的支付。买了保险,没有出现理赔,应该感到荣幸,荣幸的是平平安安没有出现风险事故,还通过保险公司支援了出现风险事故的人。如果买了保险,都要想着把保费拿回来,还想再赚点儿,那保险就没法做了。购买了保险,随时都处在保险保障之下,平安最好。不出事,我为人人;出了事,人人为我,这就是保险的道理。

误区三:买保险过度关注投资回报率而不关心风险保障。众所周知,买保险就是买保障,它的本质就是转移风险,至于投资增值应放在次要位置。固然,近年来,保险公司纷纷推出了一些新的带有理财功能的保险产品,诸如分红险、万能险、投连险等,但其本质上还是保险产品,有缴费期限、保障期限、保险责任、责任免除等。值得一提的是,理财型保险在风险保障程度上会比较低,所以在选择时要考虑清楚是否适合自己,同时,要考虑交费能力。一旦购买后,就要按保险合同缴费,长期持有,千万不要草率退保,退保要进行费用扣除,损失是很大的,因为保险公司产品开发、销售等费用是要在前3年摊销进保费里的。保险产品只有按合同约定长期持有,才能体现出好处,现金价值不断增长,持有过程均有保障。

误区四:有社会保险及储蓄存款不需要购买保险。社会保险是政府主办的基础性保险,它只是保基本,保障水平偏低,所以在拥有基础性保险的同时购买保障范围更广、更多元化的商业性保险,会满足各类人群的不同需求;而储蓄虽然与保险都是应对未知风险的一种方式,但是,它们之间的区别较大,如:储蓄灵活性大,存取方便;而保险的保费不可随意取回。或从根本上讲,储蓄没有将风险转移出去,而保险则是一种集体互助"大数法则"的行为,所以当"万一"的事故发生时,保险可以支付高出所交保费几倍、几十倍,乃至几百倍的保险金,帮你渡过难关,而储蓄只能支取你所存入的钱,那叫"猪八戒啃猪蹄——自吃自"。

误区五:为子女购买保险就可以了。在大多数家庭当中,首选给子女购买保险的情况较为普遍。然而,正确的选购保险应该是先把"家庭顶梁柱",即收入高的人保障好后,再考虑子女问题,这样才能从根本上规避风险,保障家庭不受重大风险的打击。当然,给子女购买保险也没有错,因为多数保险产品,年龄越小时购买所交的保费越低。

写于2014年11月

第十六谈

理财之道

理财可谓热门话题,有句话说得好,“你不理财,财不理你”。可见,理财是大家都需要的。但古人告诫我们,君子爱财,取之有道。今天,笔者就谈谈理财之道。

纵观我们的国人,笔者认为,就理财来看,大体可分为三种情况:一种是不理财,没有理财意识,有钱存入银行了事,结果越存,钱越不够花;另一种不会理财,缺乏理财知识和运作能力,比如有的人把钱都买了股票,想法是高抛低吸,实际操作则成了高吸低抛,身不由己;还有一种是过度理财,自以为收益率越高越好,且得高攀高,结果有些人高利没得着,却把本也赔进去了。

三种情况的案例都很多。第一种不是个别人,而是很多人。他们把钱存在银行,认为丢不了,数没少,以为就没事了。当然,这与过去很多人不把钱存银行相比进步多了。但他们也感到,存钱买房,可越存越买不起房了;存钱念书,可孩子上大学却觉得供不起了;存钱看病,可有病住院了,钱却总是“烧火棍打狗——差半截”;存钱养老,可到老了,钱总是不够用。这种例子比比皆是,是很多人的切身感受。第二种也很多。炒股的、放贷的,把所有鸡蛋都放在一个篮子里。第三种人也不算少,特别是近年来,编故事,乱集资,放高利贷,炒房、炒矿、炒股,1 分、2 分利是小菜,3 分、5 分利属常见,8 分、1 角利不见怪。有的人把自己的积蓄全放出去不算,还把住房抵押出去借款放高利贷,是不是过度了?这种案例太多了,以致造成很多不良后果。

为什么会出现这些情况呢?我认为,主要有三个原因。一是对货币缺乏认识。货币是会贬值的,今天的100万与十年以后的100万不是一回事,购买力是不一样的,不理财就等于任其货币购买力下降。二是对资本缺乏认识。资本是有其平均利润率规律的,任何暴利都不会是常态的,都是暂时现象,一味地追求高利息、高收益,必然伴随着高风险。三是对人性缺乏认识。正确地认识人性很难,能有效地控制人性更难。人性是多面的,可以从多角度、多层面来说,我们讲理财之道,最主要的是要控制人性的贪婪和恐惧。

“道”是理财的最高境界。不入道,甚至偏离道、违反道,理财是不可能成功的。当然,仅仅有“道”,不懂“技”也是不行的。“技”就是理财的技能。概括地说主要是两个方面:一要熟悉理财工具,二要明白怎样配置。

理财工具很多,存款、债券、股票、保险、基金、期货、外汇、黄金、白银、房地产、艺术品、邮票、钱币、美玉、奇石等,只要有市场,那就可以投资理财。对于理财工具最好是先做自己熟悉的、内行的、感兴趣的;先扬长避短,再扬长补短,还要先易后难,循序渐进,千万不要急功近利,指望天上掉馅饼,只要你有理财意识就好。

至于怎样配置组合,我想应做到如下几点:

第一,要坚持安全性、流动性、盈利性三原则。要按三原则合理组合,不能为了高收益,就不顾安全性,也不能为了安全性,就不管收益,不管通货膨胀。同时,一定要保持一定量的流动性,以应急之用,所谓流动性就是能迅速变现的能力,不一定都放现金,即使是股票,二级市场能很快变现,也是很好的流动性。

第二,要理清现有资产和预期收入。巧妇难为无米之炊,得先把自己的家底搞清楚,还要把未来的收入算清楚,弄清有什么可理的,有多少可理的。而后,要有个系统规划配置,进行长短搭配和产品搭配，不能保守，更不能冒进。

第三，要理清支出和使用。理的目的在于用，千万不要只考虑理而不考虑用，会用同样重要。只理不用，当个守财奴又有什么用。当然，用也得会用，不要一副没文化“土包子”样。要先预算好日常支出，而后计划好每个阶段的大、中、小项支出，还要做好身后资产的安排，这不是小事，香港的龚如心、霍英东，台湾的王永庆几个大亨都在这方面出了问题，这也是大智慧，笔者觉得李嘉诚现在就安排得很好。国内人在这方面问题也不少，有的人过于超前了，人还在，资产全安排出去了，两手空空，人性使然，儿女也会变；有的人没了，资产不知道给谁，后人扯皮打官司。

还有几个观念性的问题需要澄清。

第一，理财是全面的收支管理，而绝不仅仅就是投资。我们前面讲的理财主要是投资，它是理财最重要的方面，但绝不是理财的全部。理财应该贯穿于我们的整个生活，成为一种生活方式。比如，把所有的收入都用在刀刃上，把衣、食、住、行、用打理得井井有条，这是不是理财？是，绝对是，而且是更实用的理财。我们经常看到，有的人收入也不少，但生活质量不高，应急的钱没有，属民间讲的“有米一锅、有柴一灶”的主，这不能说是会理财吧？

第二，理财是谁都需要的事，绝不仅仅是富人的事。穷有穷的理法，富有富的理法，钱多有钱多的理法，钱少有钱少的理法。比如穷人，只能解决吃饭问题，那么，怎么吃既节约又能吃饱，也得有个算计啊！民间有句俗话说得好，“吃不穷喝不穷，算计不到才受穷”，就是这个道理。

第三，理财是终身的事，绝不仅仅是中青年人的事。每个阶段有每个阶段的理法。人的一生，从出生到死亡，每个时期都需要用钱，但不是每个时期都能挣钱，童年、少年、老年一般不能挣钱。是不是每个时期都应理财呢？都能理财呢？我想是的。童年、少年时期，人们应接受理财教育，培养理财意识，养成良好习惯；青年、中年是抓好理财的黄金时期,不仅要做好自身理财,还要搞好子女的理财教育;老年也不能放弃理财,也不可能放弃理财,因为你每天安排生活的活动就在理财范畴内。但投资收益类的一定要慎重,千万不要被忽悠了。

写于2013年5月

第十七谈

传统银行贷款与互联网银行贷款

传统银行贷款通常是由总行制定出统一的贷款规则和操作办法，贷户向基层支行提出贷款申请，基层支行进行考察，对项目做出可行性研究报告，对抵押物做出评估报告，提交贷户前三年财务报表，主要是资产负债表、损益表、现金流量表，基层支行贷审会审查通过后，自下而上，根据贷款额度大小，层层上报审批，有的上报到二级分行，有的上报到一级分行，有的上报到总行。这种贷款发放的做法有几个致命弱点：一是造假盛行。贷户千差万别，即使是同一行业的不同贷户情况也都不一样，而贷款规则、办法却是同一的。由此，贷户只有两个出路，一个是如实报，不管是可行性研究报告的预期分析，还是过去的财务报表都真实报送，结果一般是贷不上；另一个是造假报，不管是可行性研究报告的预期分析，还是过去的财务报表都是按照统一的贷款规则、办法要求，怎样贷得上就怎样造假，结果一般都贷得上。二是层层审查、审批流于形式。我国工、农、中、建、交、农发几大银行实行的都是总行、一级分行、二级分行、基层支行四级机构制。基层支行直接接触贷款客户，上报贷款项目，可基层支行人才匮乏，大量人才都集中在上层机构，所以基层支行上报的贷款项目可行性研究报告和财务报表，都是贷户提供的，到支行转换一下名称就上报了，各层级贷款部门“认认真真”地审查和贷审会“认认真真”地审批，实际上都是在“认认真真”地走过场，因为可行性报告和财务报表就是贷户造假做的,再认真的审查、审批又有什么价值?三是没有抵押物贷不成款,同时抵押物也保证不了贷款安全。传统银行发放的贷款一般都有抵押物,没有抵押物是贷不上款的,这似乎很可靠。其实并不尽然,因为对抵押物是按照贷款时的市场情况进行价值评估的,很多抵押物不断升值,贷户还不断重新评估追加贷款;而抵押物贬值了,贷款的存量已经形成,却难以根据抵押物贬值额度相应收回贷款,更主要的是在一般情况下,抵押物越贬值,越难以变现,贷款越难以收回,风险就不言而喻了。四是贷款垒大户越垒越多,小微企业贷款难上加难。传统银行主要靠抵押物发放贷款,资产规模越大,越能获得更多贷款,所以,贷款大量都集中在了国有企业和大型的民营企业,且各家银行争相为其放款,而最具经济活力的小微企业,特别是轻资产的科技类、文化类和服务类的小微企业却是难以贷到款,只能高息民间融资。

互联网银行贷款有三个显著特点:一是扁平化。互联网银行没有传统银行自上而下的多层次机构,直接面对客户扁平化作业,避免了自下而上的报批和自上而下的发放,提高了贷款效率,贷户缩短了时间,银行降低了成本。二是信用化。互联网银行贷款不再靠传统的可研究性报告、财务报表、资产抵押,而是用现代信息技术、大数据、云计算和社会信用体系筛选,最大限度地降低了人为造假因素,发放贷款更精准、更可靠。三是平民化。互联网银行最大的优势就是接地气,能够最直接地为小微企业和普通百姓服务,最大限度地实现普惠金融,改变了传统银行高高在上、垒大户的局面。四是个性化。互联网银行贷款可以做到“私人订制”,一户一法,能够真正以客户为中心,围绕客户需求转,而不像传统银行以自我为中心,一个模式、一套规则,让客户围着自己转。

综上,互联网银行贷款能够惠及普通百姓、惠及小微企业,是真正的普惠金融,前景广阔、大有可为,国家应该大力支持,民众应该大力支持,媒体应该大力支持。

写于2015年6月

第十八谈

互联网金融与传统金融

互联网金融最大的特点是可以无时不在、无处不在，任何时候、任何地点、任何数量的人群都可以共同完成同一件事。2014 年，人们开始对互联网金融格外关注，大加赞赏的有之，视为“吸血鬼”的有之，不屑一顾的也有之。这主要起源于阿里巴巴推出的“余额宝”理财对银行存款的冲击。以往人们的零用钱存在银行的活期存款账户上就不管了，为的是存取方便，利息低的可以忽略不计。“余额宝”的出现，既能网上购物支付，又能进出方便，还能获取较好的利息收益，所以，人们纷纷将银行活期存款转入阿里巴巴的“余额宝”。截至 2014 年 3 月末，“余额宝”规模已达5412.75亿元，与此同时，银行存款则出现了较大幅度的下降。到 2014 年 6 月 13 日，“余额宝”诞生一周年时，用户数已轻松过亿，超过了 A 股市场用 23 年时间发展的 6800 多万的股民数量。据统计，自 2013 年 6 月 13 日“余额宝”上线至 2014 年 6 月 11 日，一万份的“余额宝”平均每天为“宝粉”赚取 1.41 元的收益，其间总收益约达 527 元，平均 7 日年化收益率 5.27%。

事实上，互联网金融并不是从“余额宝”才有的，而是自从有了第三方网上支付就开始了。第三方网上支付源于电子商务、网上购物，买卖双方需要有个共同信得过的第三方来结算货款，这就出现了第三方网上支付平台，阿里巴巴的“支付宝”就是典型的第三方网上支付机构。以往购物,不论是现金结算、刷卡结算,还是转账结算,都是通过银行进行的。银行的基本业务就是存款、贷款和结算。后来出现了第三方网上支付,也就动了银行的结算业务,这不就是互联网金融吗?据阿里巴巴招股书显示,2014 财年(截至 3 月 31 日),支付宝的总支付金额38720亿人民币,一年 365 天,日均支付量达 106 亿人民币。

互联网金融,除了网上"宝宝"理财、第三方网上支付以外,还有 P2P 信贷、众筹融资、网上保险等。P2P 信贷,就是通过网络融资平台,借款人直接发布借款信息,出借人了解对方身份、信用信息后,直接与借款人签订借款合同,提供贷款,约定还款进度和利息收入。如宜信网、人人贷、拍拍贷等就属此类。

众筹融资,指的是基于互联网发起的,出于对某项计划的认同,由众多人士共同投资运作。比如,阿里巴巴 2014 年 3 月末推出的"娱乐宝",投资 4 部电影,每人的认购起点是 100 元,最大购买金额不得超过1000元,首期募集资金大约在 7300 万元左右。

互联网保险也很活跃,最为典型的当属平安马明哲、腾讯马化腾和阿里巴巴马云的"三马"众安在线保险了,销售和理赔完全在网上操作。还有,最近媒体报道了一位叫张马丁的,在三年前的母亲节成立了"抗癌公社"网站,约定凡是加入抗癌公社的正式社员一旦罹患癌症,每位成员都要为其进行小额捐款,筹集不超过 30 万元的治疗和生活费用,现在已有3300人,正在发起成立相互保险公司,众筹变众保。

还有更奇特的是互联网货币——比特币。其特点是超主权,无国家、地域限制;总量确定,从 2009 年创出,到 2014 年2100万个,不存在超发行;可购买、可挖矿获取;币值极不稳,最初 1 美元可买1309个,到 2013 年 11 月 28 日近1100美元买 1 个,主要是投资炒作,用于支付的很少;大多国家中央银行不予承认。

种种迹象表明,互联网金融正在形成完整的金融体系,且以惊人的速度发展，势不可挡。可以预见，再过 10 年，许多银行网点将会消失，取而代之的就是互联网和自动柜员机，一些年纪大的客户可以电话预约，由银行客户经理上门服务。

为什么互联网金融有如此大的威力呢？一是信息技术的快速发展。信息技术主要是计算机技术和通信技术，计算机由单机应用到互联互通，是一次大的飞跃；由固定互联网到移动互联网又是一次大的飞跃，而且已步入了大数据、云计算时代；通信技术由 2G 到 3G 再到 4G，发展很快。二是旺盛的需求。信息技术的发展过程就是不断满足人们需求的过程，互联网在满足了人们信息交流、文化娱乐需求后，又满足了人们的商务需求，与此同时，满足金融需求当属必然。三是其独特的优势：不受时空限制；扁平化、直接性、成本低、效率高；易于突破传统的审批、管制篱笆；互动、协作、分享的平等模式；以客户为中心，私人定制、量体裁衣的个性化体验。四是庞大的网民队伍。截至 2013 年年底，我国互联网普及率为 45.8%，网站数量 320 万个，使用互联网办公的企业达 83.2%，电子商务交易总额 10 万亿。

与互联网金融相比，传统金融有三个显著特点：一是高楼大厦，遍地网点；二是人与人面对面办理业务，银行、证券、保险等都是如此；三是门槛高，进入难。而互联网金融最主要的恰恰是门槛低，没有时间、空间限制，具有草根化、平民化、个性化特点。一元钱理财，普通人贷款，草根创业投资，互助保险均能做到。比如，传统商业银行因受信贷业务服务成本制约，只能把有限的人力资源投向高端客户，使得 20% 的高端客户群体占据了 80% 的金融资源，而广大中低端客户却无法享受同等金融服务。但是，互联网金融能够全方位地为社会所有阶层和群体提供金融服务，尤其是那些被传统金融忽视的群体。

但是，无论是互联网金融还是传统金融，本质上都是金融。金融的本质是信用，经营的是货币，核心竞争力是风险管控。也就是说，任何金融企业都是靠信用经营货币的，而经营货币，最核心的竞争力是经营风险和管理风险的能力,包括对风险的定价能力。互联网金融能不能大有作为,关键就取决于风险的管控能力,这还得靠时间去检验。

还有一个重要问题,就是互联网金融与传统金融不是互代关系,而是互融关系。传统金融只有适应互联网发展大势,用互联网思维进行改造升级,才能立于不败之地。而互联网金融也只有把握住金融的真谛,不断创造出客户需要的金融产品,并管控好风险,才能更好地生存发展。

无论是互联网金融还是传统金融,都是源于经济而存在和发展的。互联网金融源于互联网商务,由于有了网上购物,才出现了第三方支付,由于有了第三方支付,才有了“余额宝”理财。现在的电子商务发展很快,从1994年美国亚马逊诞生开始网上卖书,到中国最具代表性的淘宝、京东、小米的出现,可以说,从工业品到农产品无所不卖。

中国的互联网商务、互联网金融与发达国家同步,在世界上处于领先地位。原因有二:一是纯市场化,纯民营化,创新能力强,企业制度好,风险投资看好,海外上市容易,资本十分充裕;二是没有政府干预,即使现在想干预了,网民已成气候,不能随便干预了。由此,在中国大地上,仅十多年时间就诞生了多家响当当的互联网公司,如阿里巴巴、腾讯、京东、百度、网易、搜狐、新浪等。笔者为他们感到骄傲!

写于2014年12月

第十九谈

坚持问题导向，回归金融本质，惠及普通百姓

《北疆论坛》2016年第四分论坛的主题是“金融创新与普惠金融”。笔者认为，金融创新，就我们国家和内蒙古的实际情况来看，目前和今后一个时期最重要的就是要做好普惠金融，或者说做好普惠金融就是最大的金融创新。下面就普惠金融问题谈谈自己的看法。

一

金融的范畴很大，但通常指的是“三驾马车”，即银行、证券、保险。那么，这“三驾马车”的主要问题是什么呢？整体地看，货币市场，即通过银行间接融资过大；资本市场，通过股票直接融资过小；保险市场规模小之又小。

具体地说，银行大量贷款垒大户，逢贷款必抵押，资产不断被评估放大，贷款不断增加，导致大企业负债率过高，产能严重过剩。“次贷危机”后的4万亿财政资金、40万亿的信贷资金投放更是如此。无抵押的小微企业、普通百姓自然就贷款难了，只能通过民间借贷高息融资。即使是农村合作金融组织——信用社，也是“挂羊头卖狗肉”，盲目“高大上”垒大户，农牧民贷款少、贷款难、利率高。这些年来内蒙古的旗县联社理事长年薪几十万、上百万的不在少数，信用社

主任年薪三五十万的也不在少数,他们靠的不就是低价吸收百姓存款,高价发放贷款的高利差吗!即使国家对农村信用社的营业税减免、人民银行再贷款的利息再降低,农牧民也享受不到,都被内部人掠夺走了,而坏账却都留给了所谓的“农村合作金融组织”了。

工、农、中、建、交、邮、发各行实行的四级机构、金字塔式的信贷资金运行机制,链条过长,上下信息严重不对称,结果是总行制定贷款规则和贷款流程,支行套选千差万别的企业。要贷款就得造假,否则就贷不上款。所以企业通常是三套帐(自用一套、对税务一套、对银行一套),无论是流动资金贷款使用的三张财务报表(资产负债表、现金流量表、损益表),还是项目贷款的可行性研究报告,都得造假(企业做完,支行翻牌使用)。假的当真的用,逐级上报,层层审查、审批,认认真真地盲目决策贷款。贷款不良了就贷新还旧,贷款还息。

股票市场,一级市场高溢价发行,过度圈钱,还有不少造假发行;二级市场内外勾结,少数人利用内幕信息坐桩恶炒,大肆搂钱。结果好公司显不出好,坏公司怎么不了,壳公司价更高。股民伤痕累累,大量失血,股市熊多牛少,投资市变成了投机市,融资能力自然减弱。

保险市场,轻保障、重理财,以保费论英雄,恶性竞争严重。保障性高的产品少,投资理财的产品多;通俗简单的保单少,复杂难懂的保单多。销售误导屡禁不止,社会形象始终不佳。

二

问题出在哪呢?就出在金融脱离了金融的本质上。不知道自己姓什么了,不知道自己是干什么的了。盲目地攀高附贵,急功近利,把金融做虚了、做玄了。做得脱离实体经济了,做得脱离老百姓了。我们可以具体地分析一下。

先看银行。银行是干什么的?银行是做信贷资金买卖的,基本的业务就是存款、贷款、结算。存款就是买进资金,来源主要是企事业单位存款和个人储蓄存款,离开了实体经济、离开了百姓行吗?贷款也主要是给企业贷款、给百姓贷款，离开了实体经济、离开了百姓行吗？结算也主要是企事业单位经济活动的结算、百姓消费活动的结算，离开了实体经济、离开了百姓同样不行。多年来，我们的银行都是低价吸收存款，高价卖出贷款，存贷差都在三到四个百分点，而发达国家通常是一个百分点。所以，虽然中国的银行经营管理水平不高，却成了全世界最赚钱的银行，高管拿着各行业都比不了的高薪，弄得大量实体经济只能在亏损或微利之间艰难挣扎。

再看股市。股市是做股权买卖的，参与者主要是上市公司和投资者。上市公司就是卖出股权获得资本，投资者就是买进股权获得收益。我们的股市大多数投资者赔钱不赚钱，少数人不择手段赚得盆满钵满。伤害了大多数，股票市场不可能得到很好发展，所以，总是漫漫熊途。有人说，中国的股票市场是散户市，不是机构市，所以才大起大落。实际上机构也是由散户投资者组成的，无论是基金，还是信托，离开了众多百姓投资者也是不可能发展的。关键还是股票市场不健康，撑死胆大的，饿死胆小的，很多上市公司上市后不是谋划如何做好主业，给投资者好的回报，而是谋划如何脱实向虚套现走人，伤透了百姓的心。

最后看保险。保险就是经营风险，提供保障的。它运用的是大数法则、互助性原理，即平时由众多的企事业单位和百姓个人交点小钱，以应对出现风险时损失的大钱；健康时交点小钱，以应对疾病时的大钱；赚钱时交点小钱，以应对养老时的大钱等。所谓“一人为众，众为一人”就是这个道理。在我国较为普及的是机动车辆保险，如果没有保险，机动车交通事故都由当事人自行处理，或由政府解决，不用说车辆损失，仅人员伤亡就会带来相当大的不稳定问题。但是，面对每年大量的交通事故，乃至伤亡很大的恶性事故，基本上都能平稳处理，很少有到政府闹事的。如果我们的保险脱离了保险本质，保险不姓“保”了，都去搞投资理财了，风险保障谁来做呢？

三

金融惠及百姓就得做普惠金融。笔者认为，普惠金融就是要做出让老百姓看得懂、用得上、用得起的金融，就是要把金融做实在了、做简单了，不要做玄虚了、做复杂了。一家金融机构普惠金融做得好不好，标准其实很简单，就是要看它对小微企业、个体工商户和普通百姓做了多少业务，以及百姓获取金融服务的难易程度如何。对此，笔者谈以下五点。

第一，把握“大众创业万众创新”的主旋律做普惠金融，惠及普通百姓。“大众创业万众创新”就是中国共产党在经济领域里的群众路线，它最大限度地彰显了民权力、最大限度地遏制了公权力、最大限度地释放了改革红利。金融必须跟上这一主旋律，扎扎实实地做好普惠金融，惠及普通百姓。

第二，发展新型金融机构对接普惠金融，惠及普通百姓。近年来，我国出现了许多新型金融业态，比如平安集团的陆金所、阿里巴巴的蚂蚁金服、网商银行、腾讯的微众银行、京东、苏宁金融、三马的众安保险等，还有第三方支付、p2p 网贷、众筹等诸多的互联网金融。它们具有天然的普惠金融特质，国家既要严格监管，防止鱼龙混杂，又要精心呵护，促进其发展。

新型金融机构的出现所形成的竞争压力会有力推动普惠金融。举个例子，今年笔者到鄂尔多斯杭锦旗做调查研究，发现乌海大众村镇银行进入各个乡镇，与当地农村信用社展开了竞争，农牧民贷款容易了，利率下来了。当地信用社贷款利率月息 9 厘，大众村镇银行月息 6 厘，惠及了普通百姓。

第三，促进传统金融机构做普惠金融，惠及普通百姓。现在传统金融机构都在采取多种措施积极做普惠金融，据工商银行最近发布的信息，普惠金融贷款已达两万多亿元，但愿这是真的。实际上笔者不太相信传统金融机构的数据，因回旋余地太大，数据可以随风跑。

国家要求加大普惠金融力度了，他们就可以把其他的贷款数据添加进来装饰门面，不良贷款就是这样干的。

第四，推动"三驾马车"联动做普惠金融，惠及普通百姓。开头笔者讲了中国的金融存在着重大的结构失衡问题，银行贷款过大，资本市场过小，保险份额小之又小。这与发达国家的金融结构大相径庭，发达国家企业融资以资本市场为主，保险资产占金融总资产的25%～30%，我国还不到10%。现在我们看到了一些金融联动做普惠金融的情况，比如2015年农行在呼市清水河、武川、托县农村面向农户发放信用贷款4000多万元，就是由华夏人寿、太平洋人寿提供借款人意外伤害责任保险发放的。每万元80元保险费，出现借款人意外伤害无法偿还贷款时由保险公司负责。所以大银行才敢这样放款，借款户虽然承担了每万元80元的保险费，却免去了抵押评估费用，或担保费用，贷款发放既简单又快捷。再比如太平洋财产保险内蒙古分公司2016年7月与光大银行合作开展的"太享贷"，由太平洋财险选择贷款客户，提供保险保障，光大银行发放贷款，贷款损失由太平洋财险承担。放款最高额度50万元，最快当天申请当天放款。他们的广告语是"太享贷，享贷就贷"。

第五，加强全社会信用体系建设，夯实普惠金融的信用基础，惠及普通百姓。任何金融都是以信用为基础的，离开了信用什么金融也做不成。我们的普惠金融做不好，不仅仅是金融机构的问题，与我国的社会信用体系不健全、信用环境不好有很大关系。比如，银行不敢放信用贷款，就是社会上有诸多老赖，欠下贷款有能力偿还却赖着不还。还有每年车辆保险的理赔金，有20%左右是被骗保骗走的，所以保险条款的复杂设计存在着不得不需正视的现状。

写于2016年10月

第二十谈

经济的要义在于以最小的投入获取最大的产出

经济,通俗地说就是衣、食、住、行、用,及教育、医疗、养老等的需求与供给。微观经济就是个人和企业具体的需求与供给活动,宏观经济就是社会整体的需求与供给活动。宏观经济调控就是从国家层面通过货币政策和财政政策等手段谋求总需求与总供给的平衡。

经济学研究的就是如何以最小的资源投入获得最大的经济产出,以满足人们日益增长的、连续不断的经济需求。因为人类所在的地球资源是有限的,外星球可能有无限的资源,但人类还无法获取,而人类的需求是日益增长的,又是子子孙孙没有穷尽的。

怎样做到最小、最大、连续不断呢?实践证明,实行怎样的经济制度至关重要。远的不说,就近百年来看,主要有两大经济制度,一个是计划经济制度,一个是市场经济制度,实行的结果是大不相同的。计划经济制度的特征是:企业都姓“公”,人、财、物资源行政配置,“大锅饭”、“铁饭碗”、平均主义,理论上人人都是主人,实际上谁也不是主人,有好处和利益时,大家都争,都成了主人,有责任和义务时,大家都躲,都不想当主人。结果是干多干少一个样、干好干坏一个样、干与不干一个样,甚至是相反激励,干的不如看的,看的不如捣蛋的,人无压力、无动力、缺乏积极性和创造性,投入高,产出低,衣、食、住、行、用全面短缺，只能凭票供应。如果说，市场经济制度的危机是“过剩”的危机，那么计划经济制度的危机就是“短缺”的危机。市场经济制度的特征是企业大多姓“私”，人、财、物资源市场配置，出资人明晰，主人明确，进人、用人、分配实行市场竞争，优胜劣汰。结果是效率高、投入少、产出多，衣、食、住、行、用丰富多彩，你想到的需求均能得到满足，你没有想到的需求也能创造出来。

为什么不同的经济制度会产生如此不同的结果呢？核心是人的问题、人性问题。人本性善，还是性恶；人本性公，还是性私；人本勤奋向上，还是消极懒惰。我认为，两极的人少，中性的人多，关键是实行什么样的制度。好的制度可以使中性的人扬善抑恶，成为好人，还有可能使性本恶的人转化成为好人；不好的制度可以使一些中性的人扬恶抑善，成为坏人。这本是哲学问题，但也是经济学问题。因为经济的需求应以人为本，经济的供给关键是人的效率、人的积极性和创造性。市场经济制度的经济学原理认可人的“私”，以“私”为出发点激发人们的积极性和创造性，从而提高效率，为资本保值增值的“私”，源源不断地生产出能够卖得出去的、为社会所接受的商品和服务，即直接为自己，间接为社会。但是，这要有两个前提条件：一是充分竞争，即同一种商品和服务，要有多家企业做，不能形成垄断；二是要有统一的法律规则，一视同仁，不能对此这样，对彼那样。所以，市场经济既是竞争经济，也是法治经济。

还有一个问题，就是同样姓“私”，封建的私有经济和资本的私有经济为什么结果不同呢？封建私有经济显著特征是继承性，子承父业，不管子女好坏、有能无能，都有天然的继承权，然而富不过三；资本私有经济，大多实行股份制，是社会法人，没有继承性，即使继承，国家设有遗产税，大多数财富都被变现上税了。所以，在成熟的市场经济制度下，资本家的子女要想成功，也得靠自己奋斗。如此，经济将始终充满着活力和创造力。

写于2010年12月

第二十一谈

计划经济思维与市场经济思维

计划经济思维，就是公有制神圣不可侵犯，政府可以大包大揽，官员可以解决一切。市场经济思维就是让市场在资源配置中起决定作用，同时，更好地发挥政府作用，实行负面清单、权利清单和责任清单管理，做到企业法无禁止即可为，政府法无授权不可为、法定责任必须为。

计划经济时期，我们在城市消灭了资本，在农村剥夺了地权。城市经济只有全民所有制企业和集体所有制企业两种形式。农村经济就是人民公社、生产大队、生产队的“三级所有，队为基础”集体所有制形式。与此相对应的就是从中央到地方各级党政机关的庞大机构和干部队伍。干部特别多，企业管理人员也都是干部，且机关和企业干部是通用的，政企不分。在国务院部委中负责经济的最多时有31个部委，基本上有个行当就有个部，粮食部、水产部、农垦部、纺织部、化工部、冶金部、石油部、煤炭部，仅机械就有7个部；在基层实行的“政社合一”的人民公社体制下，人民公社除党委书记、社长（“文革”时期称革委会主任）外，还有若干副书记、副社长（副主任）及不同行当的助理，比如农业助理、公安助理、计生助理等，另有“七所八站”等办事机构，如农、牧、林、水、电、工商、税务等所，粮食、肉食、农机、兽医等站。那时的经济，都是按照计划指标运行，从生产、流通到分配、消费都有计划指标，从中央到地方都有庞大的计划委员会制定计划指标,经主要领导拍板后,由各部门组织执行。

改革开放后,我们开始运用市场经济思维,从计划经济为主、市场经济为辅到有计划的商品经济,再到社会主义市场经济,一步步地由计划经济向市场经济过渡。农村从划小核算单位的承包经营到全面分田到户的家庭经营,大量劳动力外出打工挣钱,农工结合;城市从个体工商经营到大量民营企业涌现,占到了国民生产总值、税收、就业的大头;商品和服务价格从"双轨制"到逐步全面放开,引导了资本、劳动力和其他资源的有效流动配置;各级政府机构逐步压缩,特别是农村乡镇两合一、三合一的大量合并,更主要的是不断简政放权,取消审批项目,大大压缩了计划经济空间,释放了市场经济能量,使我们的经济得到了30多年的快速增长,一跃成为世界第二大经济体。

现在的问题是计划经济思维在一些人的头脑中还很严重,一遇到经济难题往往习惯于用计划经济思维考虑问题,用计划经济办法处理问题,结果是不仅解决不了问题,还会带来更大的问题。比如,2008年面对世界性的金融危机,我们抛出的4万亿的财政投放和40万亿的银行信贷投放,就是用计划经济思维,主要都投放在了效率比较低的国有企业和政府投资平台。结果导致政府一些部门通过加强宏观调控收权审批寻租,地方政府卖地举债投资大干快上;国进民退使得国有企业盲目跑马圈地,铺摊子、上项目,导致全面产能过剩;中小微民营企业融资难、融资贵,受高利贷盘剥,难活、倒闭、跑路。

再比如,面对看病难、看病贵的医疗难题,很多用计划经济思维的人认为,应全面回归公益,政府全面接管。岂不知问题的症结恰恰是政府管得过多、过滥所致。首先,政府不让医院投资主体多元化,形不成医院的市场竞争,导致供给不足。其次,医院经营管理没有市场化,医院的进人、用人、分配还是按计划经济那一套,好的医生体现不出应有的价值,赖的医生不能及时被淘汰。出路只能是充分发挥市场作用,让医院和医生在市场竞争中求得生存和发展,让各类资本平等进入医院领域,增加供给,形成竞争;让医生流动起来,在市场竞争中求得晋升、待遇,使不好的医生在市场竞争中被降薪、淘汰。同时,政府的力量要用在切实保证为弱势群体服务的公益性医院有效运行上,给予足够的补贴。

还比如,各城市的打车难问题,至今也没有得到很好解决。笔者认为,就是计划经济的思维和做法在作祟。为什么非得要让出租车都挂靠到出租车公司呢?为什么出租车公司就不能多一些呢?出租车公司为什么要收那么多份子钱?出租车司机个体经营就不行吗?为什么互联网专车一再受到打压呢?总之,消费者不满意、司机挣钱少,肯定制度上有问题,出路只能是靠市场经济思维和市场经济办法解决问题。

还有,十八届三中全会明确要求"积极发展混合所有制经济",今后深化国有企业改革的主要路径应该就是进行混合所有制改革,按照资本出资额界定股权,使企业主人由虚变实,主人到位不缺位,由此真正建立起现代企业制度,形成股东大会最高权力机构、董事会决策机构、总经理室经营机构、监事会监督机构的治理模式。而现实的情况是:老的推不动,新的走老路。全国 15 万家国有企业,3 年过去了,没有几家真正走上混合所有制的路子。更不可思议的是,近 3 年很多地方新建的国有企业还是政府全额出资或者政府和几家国有企业共同出资,基本上不让其他资本进入。实际上就是计划经济思维在起作用。当然,也有的人怕混合所有制改革造成国有资产流失。这里就有个如何看待国有资产流失的问题。国有资产流失是多方面的,有的是在收购兼并重组时,贱卖国有资产导致流失;有的是暗箱操作,无偿转让国有资产导致流失,这些是看得见的流失。还有一种更大的流失很多人是看不到的,那就是一些国有企业占用了大量社会优质资源,却效率低、效益差、投入高、产出低,就等于国有资产随时在流失,这是最大的流失,也正是国有企业非改革不可的主要原因。有些人看不到经常性的随时随地的流失,只看到了转让贱卖的流失，是不全面的。还有些人面对一些僵尸企业，眼看着天天资产流失，宁可守着，也不变卖处理，这是极其不负责任的做法。实际上，及时变卖效益差的国有企业资产，把死资产变为活资本，或是重新投资企业，或是补充社障基金，都是在保护国有资产，千万不要认为，处理国有资产，从国企撤出部分国有资本就会导致国有资产流失。

计划经济思维的人总是担心放开会乱。事实上，根本不是那么回事。在计划经济时期，什么都不放，看似不乱，可带来的却是全面短缺，实际上孕育着更大的乱。计划经济思维的人还认为，有些事情比较复杂，关乎国计民生，不宜放，其实也不是那么回事。拿医院和理发店来说，一个复杂，一个简单。实践证明，用计划经济思维和办法，不仅办不好医院，管不好拿手术刀的医生，同样也办不好理发店，管不好拿剃头刀的理发员。计划经济时期，理发店不是国营的，就是集体的，但同样办不好。政府主管部门也是经常开会、发文件，要求改善服务，可就是改善不了，办不好。改革开放后，谁都可以办，结果美容美发店遍地都是，平等竞争，优胜劣汰，“不用扬鞭自奋蹄”，服务也变好了。十一届三中全会以来，我们各行各业的改革开放可以说都是一步一步被倒逼出来的。从家庭联产承包责任制的农业生产，到商业、供销、物资、外贸、粮食等商贸流通；从公有企业一统天下的工业生产，到科研、教育、文化、体育、医疗、养老、银行金融等社会服务。越是所谓重要的行业，改革开放得越晚，市场化越慢，而结果越是扭曲变态，损失越大，最终还是得靠改革放开、市场化解决问题。可见，计划经济思维的人是站不住脚的，之所以还坚持计划经济思维，一者观念根深蒂固，二者权力利益使然，恐怕不会再有其他可能。

写于 2016 年 11 月

第二十二谈

编制的观念怎么那么强

所谓编制,是指计划经济时期人事管理的手段,即政府给各单位,包括机关、企业、事业单位下达的用人指标以及相应的工资额度。

市场经济搞了这么多年了,可是,计划经济时期编制的观念还是相当的强。常听有人问:你们单位有编制吗?某某单位是有编制的,谁谁是有编制的人。

笔者的回答是:我这没有编制,我也不看中编制。并开玩笑地说,中国共产党有谁给过编制,不也成为执政党了吗?柳传志、任正非、王健林、马云、马化腾有谁给过编制,事业不也干得又大又好吗?反过来,20 世纪 90 年代大量的下岗人员都是有编制的。

所以,市场经济下,不要再一味地看编制了,而要看看你所在的单位有没有市场,你个人有没有能力。没有市场,有编制的单位也会被淘汰;有市场,没有编制的单位也会生存、发展得很好。没有能力,有编制的人也会被淘汰,有能力,没有编制的人也会生存、发展得很好。

还是面向市场经济,改变观念,迎接挑战吧!

写于 2017 年 3 月

第二十三谈

垄断经营与恶性竞争并存的中国企业

要问中国企业有什么突出特点，笔者认为其中之一就是垄断经营与恶性竞争并存。

垄断经营者诸如银行、电信、石油、电力等。银行的垄断经营主要体现在进入门槛高，存贷利差大，服务收费多；电信垄断经营主要体现在联通、移动、电信三大巨头主导市场，收费高，网速慢；石油垄断经营主要体现在中石油、中石化、中海油三巨头高度垄断，消费者高油价，政府还得给补贴；电力垄断经营主要体现在发电企业和电网企业遍布全国，电价高，效率低。垄断经营企业都是国字号为主，一股独大，现代企业制度未建立，市场机制未形成，政府管控为主导，人员近亲繁殖，高管政府任命，行政色彩浓厚，收入福利高高在上。

恶性竞争者诸如旅游、保险、稀土、铁矿石等。旅游企业的恶性竞争主要表现在，竞相压低价格，乃至零团费，导游零工资，旅程乱收费，购物不可少，由此往回找，服务随意了；保险企业的恶性竞争主要表现在，以保费论英雄，盲目抬高中介代理渠道手续费率，私下还要给各级经办领导和网点销售人员好处费，银行和邮政、车商和4S店，有保费资源的诸多垄断行业均是如此。比如，机动车辆交强险和商险正常的手续费率应是4%和15%，而市场上则双双高达30%或40%；再比如，航空意外伤害保险一单40万保额、20元保费，中介机构则拿走16元，保险公司承担着风险却只剩4元。由此，保险公司效益差,保险消费者的利益就难保证,理赔难就难根治,而大量的好处则被中间人拿走了。

在国际市场上,我们企业的恶性竞争也十分突出,可以说,我们出口啥,啥价格低;我们进口啥,啥价格高。比较典型的当属稀土和铁矿石了。我们的稀土满足着全世界80%的需求量,却掌握不了价格主导权,把稀土如此稀缺的资源卖成了"白菜价"。而我们进口的铁矿石,占全世界出口的78.5%,我们同样没有价格主导权,任人宰割,矿主赚得盆满钵满,中间人大发横财。

如何解决?面对垄断经营,只能靠全面深化改革,最大限度地打破行政垄断,让市场在资源配置中起决定作用;面对恶性竞争,只能使市场经济成熟起来,让行业协会、商会发展起来,自律维权,同时发挥好政府的应有作用。

写于2012年1月

第二十四谈

国企改革关键是让主人到位不缺位

国有企业根本的问题是主人缺位，理论上是全民人人所有，实际上全民人人没有。由于主人缺位，直接的后果就是内部人控制和外部人干预。

所谓内部人控制，就是企业内部人员，特别是各层级的高管人员行使着主人的一切权利，包括经营决策、人员进出、干部使用、收入分配等。而内部人不是企业真正的主人，很多人就成了“双面人”，当行使权力获取利益时，他们充当着主人角色，各种好处都占，且多多益善。他们要求好的工资福利待遇，且向国际同行业看齐，而不管盈亏如何；他们要求给子女安排工作，而不管适不适合；他们要求提拔重用，做管理人员，而不管能力高低等，理由只有一个：“我是主人”。而当需要责任担当、奉献付出时他们又扮演着局外人的角色，事不关己高高挂起，既不想出力，更不想卖力。

所谓外部人干预，就是诸多的公权力部门去管，要去干预，要管他的人，要管他的官，要管他的钱，要管他的物，即干预他的决策，也干预他的经营。仅仅干预还不够，有些还要借干预谋私利，要安插人员，要提拔干部，要高价推销商品，低价购买产品等。原因只有一个，你是国有，大家都有权管，都有权沾。

由此导致的结果：

一是企业不像企业，形不成现代企业制度。决策上，或者是一把手独断专行，盲目决策，造成损失不承担责任，或者是多头决策，议而不决，错失良机；经营上，管理层次多，管理人员多，经营成本高，工作效率低；监督上，形同虚设，有位没权不敢监督，利益一体不愿监督，纪检、监察、审计只当官不干事的情况比较普遍。

二是企业出不了企业家，也当不成企业家。铁打的衙门流水的官，今天你当，明天他当，长远打算少，短期行为多，更主要的是谁也惹不起。外部人惹不起，谁都有权扼杀你，内部人惹不起，人人都是主人，要活一起活，要死一起死，优胜劣汰？没门！

三是企业队伍没活力，无法形成强大竞争力。人员能进不能出，领导能上不能下，分配能高不能低，大锅饭、铁饭碗、干与不干、干多干少、干好干坏一个样，人无压力、无动力，缺乏积极性和创造力，必然是投入高、产出低、效益差、竞争能力弱。

四是部分掌权人贪污腐化，吃里爬外，严重腐败，一人两制，一家两制，干着国企的，经营着自己的，大搞利益输送，内外勾结，权钱交易。

国有企业主人到位，不缺位，核心是要让资本说话。

一是按照资本界定股权，形成股东大会最高权力机构、董事会决策机构、总经理室经营机构、监事会监督机构的现代企业制度。

二是按资本行使国家管理权力，由管资产变为管资本，以资本保值增值为目标。

三是按照资本进行混合所有制改革，主要是混民资、混外资，不要再混国资。

四是新建国企都要按照资本份额形成混合所有制企业，不要再搞国有独资。

五是原有国企都要进行清产核资，将总资产减去总负债，按净资产重新界定国有资本。

六是按照现代企业制度解决人的问题，原有人员要去掉国家干部、国家工人的身份，重新签订用人合同，重新竞聘上岗，实行优胜劣汰。新进人员均要面向市场公开招聘,职业经理人原则上都要面向市场公开竞聘,收入分配除底薪外均要与经营效益挂钩。

写于2015年2月

第二十五谈

阿里巴巴改变了什么

阿里巴巴对于经济、社会的改变是多方面的,意义是重大而深远的。

第一,阿里巴巴改变了商业。传统的商业有几个要素是必须的:交易场所,通常为商场或门店;商品摆在那,看得见、摸得着;买卖双方面对面交易。阿里巴巴通过搭建网上交易平台——淘宝、天猫,使卖家在网上开店,买家在网上购物,不用实体场店,不用面对面交易,就可以做生意,而且免费开店,改变了传统的商业模式。

第二,阿里巴巴改变了物流。由于阿里巴巴电商的出现,诞生了若干民营快递公司,打破了传统的物流垄断,大大提高了物流效率,降低了物流成本。同时以阿里巴巴菜鸟网络物流、天地对接、机器人找货为标志的现代化物流企业不断涌现。

第三,阿里巴巴改变了金融。传统的金融模式是宝塔式架构,管理层级颇多,信息传导变异扭曲,管理成本过高;高楼大厦林立,物理网点遍布,领导和工作人员众多;服务于高大上,顾不得中小微。以阿里巴巴为标志的互联网金融改变了这些,支付宝、余额宝、P2P、众筹、小贷、担保、保险等互联网金融,突出的特点就是扁平化、平民化、小微化,而且网上办理,时间短、成本低。我们一直向往的普惠金融由此得以实现。

第四,阿里巴巴改变了管理。阿里巴巴实行合伙人制,打破了资本的决策控制，经理人的经营控制是企业制度的再造。阿里巴巴管理的扁平化、中小微化，广泛推行事业部制，使内部人才不断脱颖而出，外部人才不断加入，更有众多店小二在一线接地气地运作。同时，通过内部网络，使所有工作人员都能够与各类管理人员，包括马云本人随时随地无障碍地进行信息交流、意见交换，有效地解决了传统多层级管理的大公司病，是管理模式的再造。

第五，阿里巴巴改变了公权力。按照传统公权力体制的经济社会运转模式，阿里巴巴在互联网上干的事，线下大多都得经过公权力审批。可阿里巴巴一路走来却超越了公权力审批，也由此才有了阿里巴巴的电商、金融、物流、买全球、卖全球的盛况，使其成为美国纽交所最大的 IPO，才有 850 万个商户网上开店做生意。

第六，阿里巴巴改变了平民。阿里巴巴"让天下没有难做的生意"，使众多的平民百姓在网上做起了生意，得到了金融服务，不用拉关系、走后门、攀权附贵，得到了平等待遇，真真切切地改变了命运。

第七，阿里巴巴改变了信用。信用等于财富，而信息不对称没法使其成为财富。阿里巴巴运用大数据技术，可以将买卖双方的交易信息及其他信息记录下来，经过整合分析就成为了有价值的信用记录，也即实现了信息对称。由此，也就可以为信用好的电商和消费者提供贷款等金融服务，信用财富的价值得以体现，而且还能够做到信用面前人人平等。

第八，阿里巴巴改变了消费。阿里巴巴的所作所为，使得消费者不用奔波于商场、门店之间就能实现消费；大家可以随时随地购物、足不出户购物；还能够货比众家，一览众山小。由此，降低了消费成本，节约了消费时间，促进了消费实现。

第九，阿里巴巴改变了时空。任何交易都在互联网上实现，不受时间限制，不分昼夜，24 小时全天候；不受地域限制，不论城市、农村，还是国内、国外，生意畅通无阻。

阿里巴巴之所以能够改变这么多，主要得益于互联网应用，得益于互联网时代,得益于互联网大势。

但是,同样处在互联网时代,面对互联网大势,为什么阿里巴巴能独占鳌头,这又要得益于马云,得益于马云的团队。马云对阿里巴巴的贡献、对中国互联网应用的贡献,乃至对世界互联网应用的贡献是不言而喻的。中国社会需要更多的马云,世界需要更多的马云。

写于2015年11月

第二十六谈

差距在高端制造业

我国是制造业大国，但不是制造业强国，我们是经济大国，但不是经济强国，对此，必须有清晰的认识。差距在哪？差距主要在高端制造业上。

举几个大家所熟悉的例子。伊利、蒙牛，国人都知道是中国最知名的两大乳品企业，规模大，赚钱多，殊不知大钱都让老外赚去了，原因是伊利、蒙牛的主要设备，不论是液态奶灌装机，还是超高温灭菌机都是老外生产的；液态奶的包材，不论是纸包，还是塑包也是老外生产的。世界上以瑞典利乐包最为先进，伊利、蒙牛的优势只在两头：一是所处的地方耕地多，可以养较多的奶牛；二是国内消费市场大。我们所食用的肉大多都是粗加工的，设备好坏无所谓，但精加工的能够安乐屠宰，能够分割、排酸、保鲜的设备，只有进口。再如，我们食用的土豆淀粉属粗加工的，设备好坏也无所谓，但能够用于医药、造纸、化工等辅料的高端变性土豆淀粉加工设备就只能靠进口了。还如，我们医院所用的诸多高端医疗设备，基本上都是从国外进口的。此外，大街上跑的汽车，有几个品牌是中国的，就是我们生产量很大的电视机、电冰箱、洗衣机、电脑等最核心的部件也大多不是自己生产的。现在是信息社会，我们没有美国微软、甲骨文那样的软件公司，也没有美国苹果、思科那样的硬件公司，我们的社会，包括很多重要行业和部门，比如中国三大电信运营商，不得不大量使用人家的软硬件产品。

改革开放以来,我们的经济取得了长足的发展。首先解决了短缺问题,现在基本上什么都不缺,很多方面还处于过剩状态。同时,我们还成了世界工厂,向全世界提供着大量的中国制造,即使知名度最高的“苹果”电子产品,也很多是在中国大地组装出来的。但是,我们的制造业还处于低端水平,大量的高端制造业核心技术我们还没掌握;我们的经济还处于粗放式运行状态,高投资、高耗能、高污染和勤劳廉价的劳动力是我们经济发展的基本模式,这是不可持续的,是没有后劲的。所以,必须转变经济发展方式,这也是中央一再强调的。是不是转变了?转变得好不好?笔者认为,显著的标志就在于高端制造业是不是上去了。

为什么我们的高端制造业落后呢?

首先是历史原因。我们是从一个贫穷落后的国家过来的,中华人民共和国成立后又长时间以“阶级斗争为纲”,与世界先进国家差距进一步拉大。其次是科技、教育原因。我们的科学技术还比较落后,科学技术人才还比较短缺,这又反映出我们的教育比较落后,不能因材施教,只是批量性地生产应试人才、知识人才,而不是多样化的创新人才、科技人才。再次是体制原因。我们的经济体制、政治体制、文化体制还存在着许多不利于人才成长和发挥作用的地方,存在着许多不利于大众创新创业的地方,因此只有加快改革步伐,清除一切阻碍人才成长和使用、阻碍人民创新创业的体制障碍。最后是思想观念原因。我们的人民“官本位”思想观念特别严重,人们崇尚吃官饭、当官员,所以千军万马挤官道。人们不愿意创业,不愿意学技术,认为那是下等人干的事。而我们的社会也没有创造出崇尚创业、崇尚技术的环境,我们的教育是学而优则仕,新兴起的高职高专教育大多也是空对空,缺乏技能教师和技能训练条件,且有钱有权的子女基本不上这类学校,无法形成正面的社会导向。我们的技术能人没有像官员那样的社会地位,也没有像体育明星、演艺明星那样的竞技场,更没有像垄断企业高管那样的经济收入,有的只是默默无闻、任劳任怨、收入较低的“无名氏”。

写于2012年7月

第二十七谈

也来说说房地产

多年来,中国的房地产可谓是各方面的热门话题,官方有官方的说法,公司有公司的说法,专家有专家的说法,百姓有百姓的说法。特别是“十年调控,十年猛涨”(2003 年至 2013 年)更是使多方面纠结。为什么会这样?笔者认为,这是由多方面因素交织而成的。

第一,百姓的情结。中国的百姓把属于自己的房子看得很重,视为终身大事,所以,有了钱第一件事就是盖房子。可以说,这是自古以来的习俗,是渗透到骨子里的文化。过去,发财的、当官的衣锦还乡,首先就是建房子、置房产。由此,才留下了乔家大院、胡庆余堂、苏州园林等古老的家庭式建筑。就是在“一大二公”计划经济时代,农村百姓也以自家盖个房为荣。改革开放以来,农民工在外面挣点儿钱,回家第一件事就是盖房子,城市人当然也以有自己的房子而乐此不疲。看一家人日子过得好不好,首先要看房子;农村聘姑娘,娶媳妇,首要的是看房子;城市人谈恋爱、结婚首要的条件也是房子。在中国人看来,住别人家的房子,包括租房住,是很没面子的事,等于给人家“遛房檐”。

第二,地方政府的需要。地方政府需要 GDP、需要财政收入、需要城市形象,这些都可以通过大力发展房地产业得到。房地产能带动多个产业,诸如钢铁、水泥、管网、装修、家电等,还有就业,近十年来我国各地都把房地产作为支柱产业,且均取得了良好的政绩;财政收入更是实惠多多，首先是拆迁拿地，特别是向农民征地，价格十分低廉，可经过政府整理，七通一平，之后变成国有出让土地，市场“招拍挂”转让给开发商，就是几倍、几十倍、上百倍的收益。再就是城市亮化美化是谁当领导都希望看到的，而这只有通过大力发展房地产业才能实现。

第三，投资者的需求。计划经济时代房子短缺，能得到一个住房，那真是阿弥陀佛了，房子作为最大消费品，很多人都眼巴巴地无限期地等待着，哪还想什么投资？市场经济下，特别是1998年以来，取消福利分房，住房作为商品完全市场化后，不仅用于消费，还用于投资，而且在其他投资渠道较窄的情况下，是人们首选的投资，一些有钱人、有权人更是热衷于房地产投资。实践证明，这些年投资房地产者确实得到了大实惠。

第四，银行的给力。房地产是资金密集型产业，没有大量的资金是玩不转的，但房地产的资金主要不是来自房地产本身，而是来自银行。银行从三个渠道为房地产提供着资金：一是为开发商提供资金，开发商从政府那里拿到地，作为抵押物抵押给银行，从银行贷到款，交土地出让金，办理其他各种手续，开始找建筑商建设；二是为建筑商提供资金，建筑商与开发商签订了建设合同，以此就可以向银行贷款，实际上，开发商是不拿钱或很少拿钱来用于房屋建设的，建房的资金基本上都是建筑商垫付，建筑商的钱也主要是来自银行的贷款；三是为购房者提供资金，开发商各种牌照齐全后，就可以对外卖房，购房者达到银行首付额度后，就可以取得银行贷款，这就是所谓的按揭贷款，大量的购房者，特别是普通消费者都是通过银行按揭贷款实现购房的。

第五，调控的不给力。十年的调控，主要采用的是信贷手段，提高首付比例，上浮贷款利率，实际上打压的是普通百姓，打压的是刚性需求，占有多套房的投资者是很少到银行贷款的，到银行贷款炒房的只是极个别人。在中国，占有多房、大房的主要是两部分人：一是有钱人，他们有的是经商赚到了钱，有的是腐败赚到了钱，干什么呢？最好的出路就是买房子，存房子；二是有权人，有权的机关单位、事业单位、国有企业，一次又一次地低价购房、分房。正因为这两部分人的大量存量房，才出现了房姐、房妹、房叔、房婶等，才出现了大量的空置房。关于空置房有一个数据很能说明问题，据国家电网智能网络统计，在全国660个城市中，总共有6540万套住宅电表读数连续6个月为零，说明这6540万套住宅连续6个月没人居住。本来，宏观调控主要应对上述两部分人和空置房来进行，采取釜底抽薪的办法就是打占用税，占得越多，打得越多，直至让你占不起，由此，就会把多占的房吐出来，增加市场供给，房价就会下来。试想一下，对房产都进行实名登记，且全国联网，占用两套以上房子的，从第三套开始打税，大面积户型的从200平方米以上开始打税，而且采取累进制打法，得吐出多少房子是可想而知的，可惜我们一直没有这样做。最新出台的“国五条”（2013年2月26日发布）虽然有了对出售自有住房按转让所得计征20%个税的条款，但由于还是交易环节打税，极易将税收转嫁给购房者，反而有可能推高房价。

调控还有一个重要手段就是不允许建别墅、建低层楼房和大户型住房，以挤出有限的土地资源多建房子，从而增加供给。我们知道，任何市场都有个供求关系问题，理想的状态是供求趋于平衡，价格平稳。若供大于求，则价格下跌；若供不应求，则价格上涨，房地产市场同样如此。由于房子既能作为消费品用于居住，也能作为投资品用于投资，所以多年来房地产需求十分旺盛。但是房地产的供给，主要是能够用于房地产开发的土地供给是有限的、趋紧的，或者说面对我国众多人口，土地资源是短缺的。正因如此，最近地王再次不断涌现，土地成交量大幅回升也就不足为怪了。由此，调控应该通过集约用地建房、增加住房套数、提供更多的房源来实现供求平衡，以抑制房价上涨，可惜我们没有这样做或者说做得不好。

有人认为，房地产价格上涨是地方政府土地财政造成的，政府应该降低地价，从而降低房价，笔者认为，这是不正确的。固然房地产价格主要由土地价格、建筑成本、税费和利润构成，但降低了土地价格，不一定就能降低房子价格，在市场经济条件下，只要求大于供，或者预期求大于供，价格就会涨，如果是这样，政府降低了土地价格，土地收益减少，房价又没有下来，则损失了公共利益，也就是大多数人的利益，增加了少数开发商和相关人的利益。这方面我们是有经验教训可借鉴的，比如各地建的经济适用房，开发商是不向政府交土地出让金的，本意是想让困难人群能够低价买房，但在实际运作中却五花八门，有的开发商按经适房拿地却按市场价出售，有的通过关系后门或给好处使房子让开奔驰宝马的富人买走了，有一些困难人群虽然拿到了房号却还是买不起，只能转让给亲朋好友了。所以，政府只要按市场经济原则，通过“招拍挂”公开公平地进行土地交易，无所谓让利不让利，该得的就要得，该得多少就得多少，让利反倒容易引起暗箱操作，损害公众利益。政府当然应该为困难人群解决房子问题，解决的办法现实来看只能多建廉租房，周转使用，穷的进来，富了出去。一些人总有一个误区，认为政府的钱与自己无关，实际上政府财政多收了、少支了与我们每个公民都是息息相关的，该收的不收或少收，损害的是我们大家共同的利益。

那么，是不是房地产没有给我们带来什么好处呢？不是的，带来的好处可以说太大了。首先，推动了市场经济的发展。房地产市场化以来，开发商纷纷涌现，形成了多元化的市场主体和多家竞争局面，效率和效益大大提高，为社会提供了大量的多样的房子，改变了城市面貌，改变了人们的住房条件，虽然价格不断上涨，但人们有房可买，相比计划经济、福利分房时期的缺房、无房要幸福得多、好得多。其次，房地产市场化十几年来作为国民经济的支柱产业，对 GDP 的增长、对财政收入的增加、对劳动力的就业都起到了至关重要的作用。

由此，是不是就应该不用管它，随它去了呢？不能，万万不能。

因为任由房价上涨,孕育着巨大的风险。这是市场规律决定的,市场规律是任何商品价格有大涨必有大跌。没有节制的房价上涨,一旦大跌,就会给整个国民经济和人们的生活带来巨大冲击。首当其冲的就是银行,前面已经说过,房地产的钱主要是来自银行的钱,房地产行业出现危机,银行就会因收不回贷款而出现大量坏账,银行坏账多了,就容易出现挤兑存款、缩减贷款的金融危机,而金融是现代经济的核心,金融危机往往会导致整个国民经济的危机,由此,失业增加,收入减少,通货膨胀,会给人们的生活带来不利影响。

写于2013年6月

第二十八谈

收入差距是如何快速拉大的

我国的收入分配可以说走过了两个极端。改革开放前是极端的平均主义，干与不干一个样、干多干少一个样、干好干坏一个样；改革开放后，收入分配多元化了、多样化了，拉开差距也是无可厚非的。但是，近十年来，收入分配快速拉大，走上了严重两极分化的另一个极端。有专家研究，如此快速地拉大差距，且差距之大，全世界都是罕见的。这是为什么呢？笔者认为，原因主要有四点。

第一，公权力的膨胀。各种各样的审批，各种各样的检查，各种各样的罚款，各种各样的暗箱操作，各种各样的潜规则，形成了各种各样的公权力寻租、捞好处。社会财富快速向公权力者倾斜，而这些违法所得和灰色收入，国家税收调节不着，公益捐款拿不出来，只能在公权力者手里累积着，其数额之大从中纪委查办的案件中就可窥见一斑。

第二，垄断行业的拉动。诸如金融行业、石油行业、电信行业、电力行业、烟草行业等。这些行业没有完全市场开放，消费者享受不到充分竞争的市场价格，他们容易获取超额的垄断利润，他们的从业人员一般都拿着超国民的收入。特别是他们的领导干部一方面享受着政府的行政级别，另一方面又拿着高额的工资、奖金、福利，高则上千万，少则上百万，美其名曰：与国际接轨。

第三，先富人群的推动。改革开放后，鼓励一部分人先富起来，这部分人有的是抢占了先机致富，有的是勤劳致富，有的钻法律、政策空子致富，有的是官商勾结致富。这些先富人群近十年来得到了极大释放，他们有的高消费，有的再投资，有的投机成为各种炒家，等等，十分吸引眼球。

第四，制度不科学的漏洞。我们的改革开放，是从计划经济向市场经济过渡的，是从封闭的社会向开放的社会过渡的，旧的制度不能用了，新的制度又赶不上实践发展，特别是国家治理体系和治理能力缺乏现代化，行政执法不到位，公检法缺公正，工薪阶层的明收入税收一个也跑不了，一些人违法灰色的暗收入税收基本征不到，等等。

快速拉大的收入差距，带来了一系列社会问题。有些人过度消费、过度浪费，有些人朝不保夕、艰难度日；群众利益失衡，心态失常，不安定因素增大；一切向"钱"看，为了钱不择手段，正确的价值观受到冲击，是非混淆，有些则是非颠倒。

如何改变呢？归结起来就是：制度安排要科学，简政放权要到位，打破垄断要尽快，政务信息要透明，公务人员要劣汰，依法治国要做到。十八届三中全会决定好，关键在于落实了。

写于 2013 年 12 月

第二十九谈

从出租车垄断的顽固看既得利益者的顽强

2015 年新年伊始，包括北京、上海、沈阳、南京、济南等多个大城市的交管部门纷纷发声，要对“互联网专车”服务叫停，并将其列为“黑车”予以严厉打击。

消费者严寒酷暑之下打车难，出租车司机工作时间长、劳动收入低，已经是困扰人们多年的问题；交管部门打击“黑车”也已进行多年；出租车司机时常罢工停运现象也已存在多年。可是，为什么全国众多城市中反复出现的出租车问题，却始终解决不了呢？其实原因很简单，就是既得利益垄断所致。

我们不妨分析一下，长期以来，全国各大城市基本上采取的都是出租车公司运营证严格准入制和出租车牌号严格配额制。交管部门严格掌握着出租车公司的审批，没有硬关系和硬实力是成立不了出租车公司、拿不到运营证的；同时，交管部门还严格掌握着出租车车牌号的配置，每家出租车公司能够有多少辆出租车投入运营，取决于交管部门配置给多少出租车牌照号段。而后，出租车公司按照牌照号段买车，司机个人到出租车公司一次性交押金包车，随后再按天给出租车公司交“份子钱”跑车。由此导致的结果就是：出租车公司少，出租车车辆缺，出租车牌照价格贵；司机包车成本高、风险大、没保障、收入低；消费者需求得不到满足、打车难。而既得利益者靠公权力行政垄断，出租车公司经营垄断，不担风险，坐收渔利就可以了。如此既得利益者雷打不动、难以撼动就不难理解了。他们总是以保护消费者利益自居，以维护市场秩序为名，打击触动其利益的挑战者，间接地引导着出租车司机痛恨所谓“黑车”，时常罢工停运，制造着不应有的社会矛盾。实际上，真正“黑”的是既得利益者，并不是所谓的“黑车”。

值得注意的是，在党中央、国务院大力简政放权、全面深化改革、全面依法治国的今天，在整个社会进入互联网时代的今天，既得利益者还如此顽固，足以证明触动既得利益者的利益，比触及其灵魂还艰难。

出租车行业能不能只按照现有模式，靠行政垄断，打击黑车解决问题呢？回答是不可能的。计划经济时期，因严厉打击投机倒把者，多少人曾被判刑入狱，然而，依旧解决不了衣、食、住、行、用的短缺。打击“黑车”，某种程度上就像当年打击投机倒把者一样，“野火烧不尽，春风吹又生”，因为有需求，就会有供给。况且，我们现在走的是社会主义市场经济道路，大环境与计划经济时期根本不可同日而语了，怎么还能够用计划经济思维、靠行政手段解决问题呢？因此只能是用市场经济思维、靠市场手段解决问题。

首先，放开出租车公司市场准入，在一个城市要形成多样性出租车经营主体平等竞争的局面，特别是“互联网专车”经营。我们已经进入到了互联网时代，互联网渗透到各行各业，改变着各行各业，这是社会进步，势不可挡，出租车行业也不会例外。它可以实现私人定制，精准化服务，随叫随到；可以通过扁平化管理，提高效率，降低成本，真正实现以客户为中心的运作。其次，取消出租车车牌号段限制，交管部门只管登记注册，监督车辆安全行驶，让市场调节供求关系。再次，取消出租车价格限制，让市场决定价格高低。

写于2015年4月

第三十谈

为了小众而不顾大众

在我们国家为了小众而不顾大众的事还真不少。这里不妨列举几个例子：

一谓公路“三乱”。公路“三乱”，即乱设卡、乱罚款、乱收费。我们国家从1994年就开始治理了，可20年过去了还是在乱，而且花样翻新、变本加厉，使得我们的物流无法畅通、成本居高不下。还有，中国生产的商品，在美国市场上的售价竟然比国内还便宜，我们的国民大众承受的高昂物流成本可窥见一斑。中央党校国际战略研究所副所长周天勇先生曾经进行过比较研究，结论是发达国家市场销售商品中运输成本只占8%，而中国要达到18%—20%。据北京机电商报社2012年进行的一项历时9个月的关爱司机跟踪调查测算，全国公路一年罚款近3000亿，罚款占货车运费比在10%。罚款本来是为了治理超载，以保障行车安全，避免道路损毁，可实际上却形成了只管罚款、不管超载、只有超载才能交得起罚款的恶性循环。由于这种钱来得容易，所以形成了各地、各有关部门互不相让、竞相罚款的局面，县县设卡罚款，乃至有的乡镇、村组也设卡收费；交警、路政、运管多头出击，重复罚款，甚至还有林业、卫生、煤炭、盐业、城管设卡罚款。中央电视台2013年11月1日曝光的河南商丘市梁园区境内管护的公路只有110公里，执法的人员高达200人，两个人管一公里。如此乱象为何得不到解决呢？原因很简单，就是不论哪个地方、哪个部门都在通过罚款养着一些人，且这些人大多都是相关权力部门的子女、亲戚等。正如中央电视台2014年5月18日曝光的山西煤运“设卡收费，中饱私囊”中记者采访山西煤炭运销集团大同有限公司纪委书记李文全时说的那样：煤检站取消了职能以后，什么收费都没有了，整个队伍大概有三万多人，怎么弄，谁养活？

二谓国有企业近亲繁殖。2014年4月，大庆油田对持续多年的劳动用工和招聘政策进行了调整，其中对部分专业范围内的油田子女毕业生，由原来直接招聘到操作岗位工作，改为通过择优选拔，自费进行职业技能培训合格后才能进入企业工作。只是这样一个由直招到优招的变化，就使得部分内部应届子女毕业生及家长不理解、不接受，引发了聚集上访事件。改革开放已经35年，国务院1986年发布的关于国有企业招工要“面向社会，公开招收，全面考核，择优录用”的规定也已出台28年，可是，至今仍有很多国有企业在干着或变相干着“近水楼台先得月”的事，直接招聘子女或“萝卜招聘”子女。比较典型的诸如石油、铁路、电力、电信、银行等。可见，为了小众而不顾大众的观念和做法多么顽固。

三谓高价药品利益链。最近揭开的葛兰素史克在中国高价销售药品的秘密，足以见得在医药方面为了小众而不顾大众的可恶行为。葛兰素史克中国公司能够将成本十余元人民币的药品，卖出十倍以上的高价。比如贺普丁，其真实的成本为15.7元，在中国零售价能卖到207元，而在韩国则是18元，加拿大卖26元，英国不到30元。他们通过贿赂打通各个关节，形成了医药代表贿赂医生、地区经理贿赂大客户、大区经理贿赂VIP客户、市场部贿赂专家、大客户部贿赂机构的贿赂网。他们不仅将贿赂成本都摊入药价让公众买单，还把高价所得巨额利润通过各种手段截留在国外，在中国造成微利和亏损的假象，同时逃避了中国的税收。进口药如此，国产药也是如此，谁不如此谁就会出局。由此，也就形成了多年来的看病贵的问题，这是典型的为了小众而不顾大众。

四谓上市公司高溢价发行。我们的上市公司的股票一般都是大大超过每股净资产高溢价发行的，加上二级市场有内部信息的庄家恶炒，股价便远远超过了真实价值。次贷危机后中国股市熊冠全球，使得众多股民损失惨重，“一赚二平七赔”就是中国股民的状况，加上大多数上市公司不分红和少分红，股票没有长期投资价值，所以伤透了众多股民的心。但是，上市公司的高管和二级市场的庄家却赚得盆满钵满，有些上市公司连年亏损，高管的高薪却从不减少。此乃为了小众而不顾大众是也！

五谓银行高利差两头吃。我们银行的存贷款利差一般都在3—4个百分点，发达国家一般在1个百分点左右。垄断成为世界上最赚钱的银行，高管们的薪酬及福利均与华尔街媲美。而华尔街高管们赚的是全世界的钱，我们的高管们赚的是国内垄断的钱。大众被银行通吃：一头存款低息吃着储户，另一头贷款高息吃着贷户。

出现为了小众而不顾大众现象的原因是什么呢？

一谓以小众代表大众。计划经济时期，我们的企业都姓“公”，大多都是全民所有制企业，而且员工的工资没有多少差别。小众与大众基本上是一样的，大家都是一个“穷”。20世纪90年代随着市场经济的推进，大多数“公企”都被市场收购兼并重组破产了，剩下的都是国家高度垄断的行业和企业。这些企业本应是全民所有、全民买单、全民享有。但是，多年来却一直被内部人控制、内部人享有，似乎内部人就代表着全民，就能够代表全民，这已经在政府和有关方面形成了思维定式。

二谓以小众绑架大众。类似山西大同煤检站系统三万多人谁养的问题，大庆油田子女安置优胜劣汰闹事的问题，以及诸多国有垄断企业的内部安置、萝卜招聘的理由和借口等问题，归结到一点都是在以小众绑架大众。

三谓改革迟缓。在市场经济条件下，国有垄断企业也必须进行改革，建立起现代企业制度，包括进人、用人、分配等都必须市场化，以改变封闭运行、内部人控制的局面。或者是有利于内部人的就市场化,比如工资福利;不利于内部人的就计划化,比如进人、用人。其他方面也一样,包括医疗、公路等问题都是改革不到位所致。

四谓全民买单。国有垄断企业一般是效率比较低、效益比较差的,但是,通常花钱却比较爽,员工(特别是高管)待遇比较高。原因就是有全民买单:一方面为产品和服务的垄断价格买单,另一方面也为亏损和坏账买单。比如,对国有银行从1978年就开始处理坏账,到1997年成立了四大资产公司专门处理四大国有银行坏账,再到各大国有银行上市时大量剥离坏账,实际上都是全民买单。我们国家人口多,市场大,无论是公路"三乱",还是高价药品,以及其他能够利用公权力垄断的和通过商业贿赂操控市场的,都是大有赚头的,全民买单嘛!

写于2014年5月

第三十一谈

伟大的农民工

2014 年 1 月 27 日，中共中央政治局常委、国务院总理李克强致电农村留守女孩父亲时说：“你们在外打工不仅给家里增加收入，也给国家做了贡献，你们是国家的功臣。”

美国《时代周刊》2009 年年度人物，将中国农民工作为当年榜单上的唯一上榜群体，并评价称，在金融危机肆虐全球的时期，中国经济仍在高速发展，并逐步带领全球走出金融危机的阴影，首先要归功于千千万万勤劳坚忍的中国农民工。《时代周刊》是美国影响最大的新闻周刊，有世界“史库”之称，反映的是世界上的热点大事件。农民工上时代周刊是因为这一群体代表了中国的一种现状，是中国主流文化的一部分。可见，国内外都对中国的农民工给予了高度评价。所以，笔者把他们称为“伟大的农民工”。

称其伟大，总有一些伟大之处值得颂扬，我们不妨列举一二。其一，城市的高楼大厦、地上地下的市政工程，都是谁干出来的？农民工；其二，纵横祖国大江南北的路网、电网，都是谁干出来的？农民工；其三，称雄世界的中国制造，让世界人民享受到了的低廉价格，为我们国家创造了大量外汇，都是谁干出来的？农民工；其四，家政服务、脏乱差的活，都是谁干出来的？农民工。他们吃苦耐劳、起早贪黑，吃得简单、住得简陋，干得多、得得少，这还不伟大吗？

伟大的农民工的出现，有改革开放的时代背景，也有其内在的原始动力。大家知道,改革开放之前,我们的国民80%以上是农民,他们被严格的户籍制度和计划经济体制固化在农村,只能在农村当农民。改革开放后,农村实行集体土地家庭承包经营,极大地释放了农民的积极性,一些剩余劳动力开始跑运输、做买卖、搞建筑;随着城市的改革开放、城市建设的加速、民营企业的迅速成长,农民进城打工的越来越多,由此形成了农民工群体,这是改革开放的时代造就的。同时,农民都有摆脱贫穷、过好日子的愿望,而在我们国家又长期存在着工农产品价格"剪刀差",打工较务农更能获得收益,农民愿意出去打工,这就是农民工形成的内在的原始动力。

农民工是改革开放的时代产物,必将随着改革开放的全面深化、城镇化的推进、户籍制度的打破、工农比较利益的平衡而消失。在未来,他们将会和社会其他成员一样作为中华人民共和国的公民而平等地享受国民待遇。我们期待着这一天的早日到来!

写于2014年2月

第三十二谈

聚焦大众创业、万众创新

大众创业、万众创新，基础在于“众”，关键在于“创”。“众”就是众人行动，众人干事，唤起民众千百万同心干；“创”就是要创业、创新，只有众人的创，才有万象的新。

大众创业、万众创新，最大限度地彰显了民权力。中国自秦汉以来一直奉行的是“重农抑商”的经济政策、“男耕女织”的小农经济，民众的自由活动空间很小，民权力一直受到压抑。中华人民共和国成立后的计划经济时期，我们实行了严格的户籍制度、票证制度，人口不能流动，人们只能在国有企业和集体经济组织里劳动。大众创业、万众创新，这在中国历史上是前所未有的，它最大限度地彰显了民权力，使每个人都有了自主创业、自主创新的权利，从而调动起全民创业、创新的积极性，使大家共同为实现中华民族伟大复兴的中国梦而奋斗。

大众创业、万众创新，最大限度地遏制了公权力。中国自秦汉以来一直是管制型社会，公权力可以无限大，人们做什么事都迈不过“官”槛。中华人民共和国成立后，我们实行的高度集中的计划经济体制，行政手段搞经济，生产、流通、分配、消费都是按照行政命令、计划指标运行。现在，与大众创业、万众创新相对应的是政府大量简政放权，取消了若干的行政审批事项，取消了若干的职业资格考试，大幅度地进行商事制度改革，大大简化了经商办企业的手续，大大降低了经商办企业的门槛，使人们都有了平等创业、创新的机会。

大众创业、万众创新，最大限度地体现了党的群众路线。群众路线是我们党的生命线，革命战争时期，我们党依靠群众路线，取得了胜利，夺取了政权。改革开放、经济建设，我们党同样要依靠群众路线。大众创业、万众创新就是党的群众路线在新时期的具体体现。鼓励大众创业、万众创新就是在走群众路线。

大众创业、万众创新，最大限度地释放了改革红利。党的十一届三中全会以来，改革开放政策极大地调动了广大人民群众的积极性和创造性，我国取得了经济社会发展的辉煌成就。但是，一个时期以来，国进民退，强化垄断，公权力盛行，处处审批设限，考试设限，权力寻租，改革严重受阻。大众创业、万众创新，正在改变着这一切，由此可以最大限度地释放出改革红利，使我们的经济社会变得更有生机和活力。

写于 2015 年 8 月

第三十三谈

中国再次迎来创新创业的历史机遇

改革开放后，中国经济一步一步由计划经济向市场经济过渡，由单一的公有制经济向多元化的所有制经济过渡。其中最显著的标志就是诞生了诸多民营企业和民营企业家，我国经济由全面短缺变为全面丰富。但是，这个时期总的来说还是属于过渡时期，突出的特点是政府主导的过度，民营企业家更多的是通过权钱交易的潜规则、暗操作从官员手中拿到资源来干事创业的。

党的十八大以后，情况发生了根本性的变化。政治上，全面从严治党，全面依法治国。强力的“八项规定，反四风”；强力的“打老虎，拍苍蝇”；强力的司法体制改革，为创新创业营造了良好的政治生态环境。经济上，使市场在资源配置中起决定性作用和更好发挥政府作用；大力度简政放权；鼓励大众创业、万众创新；提出创新、协调、绿色、开放、共享五大发展理念；推行供给侧结构性改革和去产能、去库存、去杠杆、降成本、补短板的政策措施，为创新创业提供了可靠的经济保障。

怎样抓住这样的历史机遇创新创业呢？一要更新观念。面对十八大以后的根本性变化，有些人还停留在找政府要资源的老观念上，因此必须更新观念，由找市长变为找市场。二要转变方式。面对十八大以后的根本性变化，有些人还停留在官商勾结、权钱交易的老套路上，因此必须转变方式，依法依规经营，按明规则做事。三要夯实本领。面对十八大以后的根本性变化,有些人还在耍花架子,虚张声势,因此必须夯实本领,无论学习还是干事都要来真格的。再去弄个有名无实的虚假文凭,再去找个靠山拉大旗作虎皮已经没有用了。

面对十八大以后的根本性变化,很多人却视而不见,无所适从,甚至还有不少杂音。就像改革开放之初,大多数人还在端着“铁饭碗”、吃着“大锅饭”扬扬自得时,一些人却勇敢地走出体制,抓住改革开放之初的历史机遇搞个体,下海经商办企业。十年、二十年、三十年后,呈现出了翻天覆地变化,原来扬扬自得的人却大量下岗再就业了,原来被嗤之以鼻的个体、下海的人很多成为企业家了。站在十八大这个节点上,再过 10 年、20 年、30 年,中国会诞生出若干新时代的企业精英,他们会以全新的面貌遨游在世界经济舞台上,较之改革开放过去的 30 年会更加有作为,更加辉煌。这就是历史的机遇,千载难逢。

写于 2016 年 7 月

第三十四谈

营销，草民可以成就大业

战争年代，动乱时期，草民成就大业，就得投入战场，冒着时刻付出生命的代价，经过无数你死我活的战斗，来换取功名，成就大业。历史上最典型的莫过于刘邦和朱元璋了，他们都是一介草民，赶在了动乱年代，九死一生，又通过牺牲无数人的生命夺取了江山，当上了皇帝。

和平年代，市场经济，一介草民怎么能够成就大业呢？营销。远的不说，国外的不说，就说中国改革开放后通过营销成就大业的草民，可以说不计其数。格力的董明珠就是靠营销起家的。海尔的张瑞敏、联想的柳传志、华为的任正非、福耀的曹德旺、万科的王石、万达的王健林、阿里的马云、娃哈哈的宗庆后，哪一个不是营销能手？他们一方面都有过硬的产品，另一方面则有精明的营销意识和头脑。那些医药保健品营销大军、烟酒营销大军、化妆品营销大军、保险营销大军等，各行各业的营销大军成就了多少草民亿万富翁，并从草民进入上层，由平民成为贵族。

为什么？因为市场经济是竞争经济。各行各业、各种产品和服务只能在市场竞争中取胜。市场竞争取胜的法则，除了过硬的产品和服务本身外，就是营销。各行各业、各种产品和服务都需要营销，再好的产品和服务也得营销。没有营销，酒香也怕巷子深。

由此，在市场经济体制下，营销就成了最大的就业市场，营销人才也成了最紧缺的人才。而营销又是进入门槛最低的职业,可以说不问学历,不问资历,不问年龄,不问出身,不问资本,只认能力。但是,这样一个广阔的就业领域,却被很多人看不上、看不起。原因就是我们长期搞计划经济,人、财、物,供、产、销一切都由政府安排。人们习惯于这种安排,受用于这种安排,而这种安排是走不下去的,它等同于慢性自杀,所以才有改革开放,才搞市场经济。近年来出现的东北困境,困就困在没有跟上改革开放和市场经济步伐,观念、体制没有发生根本性的变化。很多人还等着政府安排工作,还为几代人都在国企工作而自豪。他们就是看不上、看不起营销的,更不愿意从事营销事业。从这个角度说,东北能不能振兴,在很大程度上就看有多少东北人能够放下架子、拉下脸子下海做营销。

营销事业成功的人都是金子。他们是从大浪淘沙竞争中出来的,他们除了天赋,较之其他岗位的工作人员需要付出更大的体力、智力和心力。因为各行各业的营销都是优胜劣汰最快的、最残酷的,没有任何理由可讲,没有任何条件可谈,只能靠市场说话,行就是行,不行就是不行。

当然,营销也有个方向把握问题,也有个市场选择问题,不能什么都去营销。要合规合法,不能搞传销,不能搞诈骗。要选择好的行业,选择好的企业,选择好的产品和服务。当然,根本的还是要靠诚信取胜。

写于 2016 年 4 月

第三十五谈

谈谈水资源

水是生命之源，凡是有生命的东西，无论是植物，还是动物，都离不开水。

地球上有的是水，所以，地球又被称为水球。但地球上的水主要是海水，即咸水。而人类需要的则是淡水，淡水仅占地球总水量的2.5%，其中可供人类使用的淡水不足1%。

淡水是短缺的，更是不均衡的，无论是空间上还是时间上都难以实现均衡。比如，空间上，干旱沙漠地区特别缺水却很少下雨，涝湿地区不缺水雨却下个没完；时间上，春、夏两季需要雨水时，它下得少，秋季不太需要雨水时，它又下个没完。

现在缺水的城市越来越多，缺水的地区越来越多，地表水越来越少，地下水越来越深。可以预测，未来给人类可能带来致命性灾难的恐怕就是水的短缺、水的危机。

然而，令人可怕和不可思议的是，我们对水还没有做到真正的敬畏，没有真正的醒悟。过去，我们的水是“大锅水”“公有水”，人们用水不花钱，随便用；对水的掠夺性开发、破坏性开采现象比比皆是；乱砍滥伐、乱开乱垦、掘取水源的行为见怪不怪。至今，我们在水的问题上还存在着种种弊端：一是缺乏节水意识。在很多人看来，水像空气一样取之不尽，用之不竭；水是公家的、大家的，不用白不用。二是缺乏节水机制。在我们的机制里，越是重要的，越是管得严，越是廉价,越让人们感觉不到短缺,就越不知道珍惜,客观上反倒起到了相反的作用,鼓励了浪费,限制了节约,用多用少一个样,水就是如此。三是缺乏节约行动。有些事人们已经习以为常,比如坐办公室的每天上班打水,总是把壶灌得满满的,有几壶灌满几壶,喝不了第二天一倒了之;城市跑水漏水的现象经常可见;农村浇地大水漫灌;水质污染时有发生,等等。

我们应该大声疾呼:绷紧节约水资源这根弦吧!消除一切浪费水的恶习吧!珍惜水,就是珍惜我们的生命!

写于2011年8月

第三十六谈

有感于大兴安岭停止天然林商业性采伐

2015年3月31日，内蒙古大兴安岭全面停止长达63年的天然林商业性采伐，迎来新的生态建设发展时期。

大兴安岭林区是东北乃至华北地区的天然屏障，位于祖国北部边陲的大兴安岭林区，面积八万多平方公里，是我国最大的国有林区之一。大兴安岭属寒温带大陆性季风气候，年平均降水量428.6—526.8毫米，全年无霜期80—110天，冰封期180—200天，年平均气温-2.6℃，极端最低气温-52.3℃，素有“高寒禁区”之称。全区有林地面积679.5万公顷，活立木蓄积5.53亿立方米，森林覆盖率81.37%，每年仅制氧、贮碳等方面创造生态服务价值就达1163亿元，湿地年涵养水源70亿立方米以上，是国家生态安全重要保障区和木材资源战略储备基地。自1952年开发建设以来，大兴安岭林区共为国家提供商品材和林副产品2亿多立方米，同时，也走过了一条因林而立、因林而兴、因林而衰、因林而转的发展历程。至20世纪90年代末，由于长期过量木材开采，加之1987年特大森林火灾的影响，大兴安岭林区开始步入了资源危机和经济危困的“两危”境地。全面停止天然林商业性采伐，彻底结束60多年采伐历史，使大兴安岭林区步入转型发展的新阶段，意义之大是不言而喻的。

我国自古以来就是木材使用大国,人活着大量使用木材,人死后也大量使用木材,而且等级越高,对木材使用得越多、越好。低层的百姓房屋、家具、农具、餐具,高层的皇宫、王府、官衙、寺院,无不都大量使用木材。死后,大到帝王黄肠题凑厚葬、小到百姓棺材土葬,也无不在大量使用木材,而且使用更甚。活人的房屋和木制品可以子孙连续使用,而死人一般都是独用,皇帝要各自建豪华陵寝,王侯将相也不甘示弱,各类各级官员紧随其后,普通百姓也要一人一口棺材。这耗费了多少木材啊!这与西方欧美国家截然不同,欧美国家人活着主要用石材,死后也主要用石材,一方面可以保护森林、保护生态,另一方面还可以保护建筑、保护艺术。比如罗马大教堂、巴黎圣母院、卢浮宫至今仍安然无恙。而我们的阿房宫、未央宫、大明宫早已灰飞烟灭、荡然无存,帝王将相陵墓未被盗掘的所剩无几。欧美的艺术品主要是石雕、石刻,易保存,我们的艺术品主要是木雕、木刻,不易保存。

人们大量使用木材,直接的后果就是大量地砍伐树木,天然林遭到破坏,生态环境一步步恶化,以致十分脆弱。这从我们所走过的历史足迹可以看得很清楚。黄河是中华民族的母亲河,历史上人口繁衍生息早、密度高,经济社会发达,帝王将相集中。由此,树木被砍伐得最多、最快,生态环境恶化得最早、最严重。

树木被大量砍伐的另一个方面,就是盲目生产,毁林开荒,历史上此类事件不少。近的典型当属20世纪的砍树大炼钢铁,毁林开荒种地,以及全民的砍树烧柴做饭取暖了。凡此都对生态环境造成了毁灭性的破坏。

可喜的是自1998年长江、松花江流域特大洪灾后,我国开始实施天然林保护工程,多年来取得了不小的成就。1998年至今,随着国家“天保工程”的实施,林区的发展由以“木材生产为主”向以“生态建设为主”转变,大兴安岭逐渐成为国家生态安全重要保障区和木材资源战略储备基地。但是,我国仍然是全球土地沙漠化危害最深重、水土流失最严重、水资源最匮乏的国家之一。

历史的教训和严峻的生态状况告诉我们，保护生态，首先要保护森林；保护森林，首先要保护天然林。天然林是我国森林资源的精华，是结构最复杂、群落最稳定、生物量最大、生物多样性最丰富、生态功能最强的森林生态系统。习近平总书记提出，把所有天然林都保护起来。这一战略决策，不仅对于维护淡水安全、国土安全、物种安全、气候安全、生存安全具有重大战略意义，而且对实现中华民族永续发展具有深远的历史意义。因此，我们一定要从国家战略全局的高度来深刻认识其重大现实意义和深远的历史意义，把保护天然林真正作为实现中华民族永续发展的战略工程来抓紧、抓好。

写于 2015 年 5 月

第三十七谈

农村的生态是怎样恶化的

农村生态的恶化是一个历史过程。

一是历史上，过度使用木材，活人用，死人用，特别是帝王将相、王公贵族更是无节制地用。原始森林所剩无几。

二是遍地开花的“大跃进”“大炼钢铁”，大面积地砍伐了树木，导致林木数量锐减。

三是人民公社化时期，家庭做饭没柴烧，用铁耙子到山上搂柴草，连根都拔出了，植被遭到了严重破坏。

四是植被的破坏使得河道不下雨干涸，下了雨飞流直下、横冲直撞，破坏了沿河两岸的好耕地。为了弥补耕地，加之人口增加需要更多的耕地，人们只能大面积开垦荒山，植被进一步遭到破坏，如此形成了恶性循环。

五是耕地实行家庭承包制后，荒地、林地没有及时承包到户，形成责任真空，无人管护，加剧了乱砍树、乱垦荒、乱放牧，使脆弱的植被再次遭破坏。

六是大办乡镇企业，乡乡点火，村村冒烟，污染了土地、耕地和河流。

恢复农村生态必然是一个艰难的过程。但是，只要态度端正，路子对头，齐心协力，一定能够解决问题。

第一，对于耕地、荒山、林地要尽快全面落实各自的所有权、承包权、经营权,做到集体所有,承包到户,集中连片经营无障碍。

第二,明确各类土地功能,耕地就是用来种的,荒山不得随意开垦、放牧,林地只能种树、养树。而且要切实落实使用、经营和监管责任制,使用经营者做不到就要接受罚款,并被收回土地使用权,监管者监管不到位就要受处分,被终身追责。

第三,各项财政补贴、优惠政策要落到实处,一定要具体落实到干事人的头上,要通过公开公示,避免层层扒皮,悬空在中间。

写于 2017 年 5 月

第三十八谈

城市建设为什么只顾地上不顾地下

中国的城市建设可以说伴随着改革开放飞速发展。城区面积数倍扩展,高楼大厦林立,交通、通讯四通八达,水、电、气、暖管网畅通,绿化、美化、亮化工程日臻完善。但是,地下建设严重滞后,排水不畅,遇有中到大雨,城区一片汪洋;排污不畅,污水时常从地下冒出来;管网各自为战,今天这掏开明天那挖开。

奇怪的是地下建设欠账很多,而地上还不断重复建设。今年刚换过的马路牙子和路砖,过一两年、两三年又换一遍。临街建筑物的墙面今年这样改造,过一两年、两三年又那样改造;树木、花草不管适不适合都要高大上。为什么会出现这种情况呢?

第一,面子工程。地上建设看得见、摸得着,地下建设看不见、摸不着,所以,只顾面子,不顾里子。

第二,长官意志。缺乏行家里手的设计规划,有些干脆就没有设计规划,就是领导的想法。有些即使有设计规划,也是匆匆忙忙,走走形式,摆摆样子,最后还是长官的调子。还有些工程是随着领导变化而变化的。今年这个领导这样干,明年换了领导又那样干。

第三,急功近利。很多城市建设项目都是为了某些节庆活动挣时间,抢速度,赶进度,在限定时间完成的。操之过急,往往就操之不好。加上一些工程层层转包,到了施工人员那里钱就很少了,只能偷工减料,做表面文章了。

第四,贪大求洋。城市建设本应该量力而行,量入为出,有多大财力干多大事情。但事实上往往是有一分的财力,一定要干两分的事情。有能力要上,没有能力也要上,而且要大干快上。结果是摊子铺得过大,顾得上地上,顾不得地下。

怎样解决呢?

第一,改变政绩考核办法。城市建设既要看面子,更要看里子,而且要实行终身责任制。

第二,设想和设计分离,履行科学决策程序。领导提出设想,专家设计规划,多种方案选优,集体研究通过。

第三,长远规划,分年实施,分段实施。一年一年地干,一段一段地干,连续不断地干。干一段就要实现百年大计,不用再动。

第四,要留下历史痕迹、历史传承。不能今年这样搞一遍,没几年又那样搞一遍,城市总是新的,既浪费财力,又没有历史感。

写于 2017 年 4 月

第三十九谈

西方为什么屡次误判中国经济

中国改革开放以来,西方国家屡次误判中国经济。他们想看到的粮荒没有出现,想看到的金融危机没有出现,想看到经济崩溃没有出现。原因主要有三:一是他们不懂得中国共产党,二是他们不懂得中国人民,三是他们不懂得中国文化。他们总是拿他们西方的政治经济理论和实践来研究中国、看待中国,肯定会判断失误。

第一,西方国家不懂得中国共产党。中国共产党是中国一切事业的领导核心,中国特色的社会主义最本质的就是中国共产党领导。改革开放以来,中国形成了完整的中国特色的社会主义理论和制度体系。政治上,我们废除了领导职务的终身制,实现了任期制。从过去的党和国家最高领导职务的半过渡到十八大的全过渡,而且是相当平稳的过渡。这既解决了中国几千年来政治权力交接的大难题,也解决了全世界共产党执政国家最高领导职务终身制的大难题。在党内的日常政治运行中实行民主集中制的组织原则,既有民主,又有集中,实现了民主和集中的有机统一。在全社会的政治运行中,通过人民代表大会制度、政治协商制度,发挥了协商民主的优势,避免了竞选民主的劣势。经济上,从单一计划经济到计划经济为主、市场经济为辅,有计划地商品经济,社会主义市场经济,再到使市场在资源配置中起决定性作用和更好发挥政府作用。由全面的公有制到以公有制为主,多种经济成分为补充,多种经济成分共同发展,再到公有制经济和非公有制经济都是社会主义市场经济的重要组成部分。从公有制经济实现形式的全民所有制和集体所有制到承包制、股份制、混合所有制。

中国共产党是政治经济学,不是单纯的经济学,也不是单纯的政治学。政治和经济是相互依存、相互促进的,没有离开经济的政治,也没有离开政治的经济。比如,以经济建设为中心既是经济,也是政治;全面从严治党,既是政治,也是经济。中国特色社会主义政治经济学理论都是通过中国共产党历次全国代表大会决议形成的,不属于哪个政治经济学家,也不属于哪个政治经济学派,它是集体智慧的结晶,具有最高的权威性和执行力。

第二,西方国家不懂得中国人民。中国人民勤劳、勇敢、智慧,他们吃苦耐劳、起早贪黑、任劳任怨地劳动,农民工队伍就是典型代表。他们不惧各种艰难险阻,奔赴世界各地,发达国家敢去,贫穷国家敢去,枪林弹雨的国家也敢去,诸如伊拉克、阿富汗、利比亚、叙利亚等。他们有着聪明才智,能让卫星上天,也能让蛟龙下海,能用最大望远镜探测浩瀚宇宙,也能用超大型计算机进行超强科学运算,他们更有星罗密布的科学技术发明创造,正在赶超世界先进水平。

第三,西方国家不懂得中国文化。中国文化博大精深、有容乃大,有诸子百家的国学经典,有儒释道的相互融合。中国文化的突出特点是"和"文化,和谐、和睦;"中"文化,中庸、中和;天人合一,讲求共生、共存。

有人不禁要问:中国共产党领导不也曾经济匮乏吗?中国人民不也曾东亚病夫吗?中国文化不也曾遭摒弃吗?是的,这些都发生过。但和以往不同的是,我们从十一届三中全会开始走上了改革开放之路。改革开放释放了中国共产党的能量,释放了中国人民的能量,释放了中国文化的能量。没有改革开放就不会有中国现在的辉煌成就,就不会有今后伟大复兴的中国梦。

当然,我们还有很多问题需要解决,比如经济结构问题、环境污染问题、两极分化问题、企业负担问题等。但这都是前进中的问题。只要我们坚持正确导向，采取有力措施，坚持改革开放，这些问题都是能够解决的。拿企业负担和两极分化来说，有些就是体制问题。比如，为了降低企业负担，完全可以取消住房公积金政策。因为它并没有给普通老百姓带来多少好处，大多数老百姓买房主要靠的还是商业按揭贷款，而不是住房公积金。但是，企业按职工工资额度的12%提取住房公积金却导致了企业的沉重负担。同时，还造成了政策性的两极分化。曾几何时，国有垄断企业超额提取住房公积金。本来它们的工资基数就高，再超比例提取住房公积金，人为制造了两极分化。而且政府又设置一套机构和人马管理住房公积金，效率低，浪费大。还有企业年金政策，国家给予税收优惠，大多也是国有垄断企业在享用，本来它们是全民买单待遇就好，再加上企业年金，好上加好，也是在人为制造两极分化。这些都需要通过继续深化改革开放来加以解决。

写于2016年9月

第四十谈

政治之规律是人心向背
政治的核心问题是领导权问题

政治不是神话，而是活生生的现实。政治的产生和需要其实很简单，就是在一定地域范围内，通常为国家，居住着若干人群，他们有着共同的利益或不同的利益，需要公共服务、协调行动、调节关系、扬善抑恶等，由此形成的政权组织和运行制度的一系列活动。政治的目标是使社会进步、稳定、和谐、有序。

政治是客观存在的，有人群就有政治，有人群就需要政治。试想，一个社会如果没有政治，人们各自为政，随心所欲，那社会该是一个什么样子。当今社会，哪个国家也离不开政治。不管是共产党领导的多党合作和政治协商制度，还是资本主义多党选举的议会制，以及家族世袭的王国制，它们存在的基础无不都是社会的需要。政党就是政治的产物，是专门从事政治活动的组织，它不像企业是从事经济活动的实体。如果社会不需要政治，政党也就没有它产生的基础和存在的必要了。

常听有人说："我最讨厌政治，讨厌搞政治的人。"这是不对的。我们的社会不仅需要政治，而且需要大批的政治家，更需要伟大的政治家，因为他们能够给我们创造出良好的经济、政治、文化环境，推动社会的进步。政治家的劳动是艰苦而复杂的，因为驾驭整个社会要远比驾驭一个单位、一个企业艰难得多,困难得多。我们应正确地认识政治,尊重政治家的劳动。当然,搞政治有个不同的政治观问题。自古以来就有两种不同的政治观:一种是站在少数人及个人的立场上,为少数人和个人谋利益的政治观;一种是站在大多数人的立场上,为大多数人谋利益的政治观。还有些人对政治的理解也不一样,有的人把搞点儿小权术、做点儿小动作、要点儿小心眼,甚至阳奉阴违、口是心非当作政治。实际上这不是真正意义上的政治,而是对政治的玷污,从长远来说是站不住脚的。真正的政治家应有远大的目标、踏实的作风、坚强的毅力、博大的胸怀、渊博的知识、高超的才能,对团队有强大的凝聚力和向心力。政治当然也不仅仅是少数政治家的事,而是全体公民的事,人人都离不开政治,人人都要在一定的政治生态环境下生存和发展,所以,人人都需要关心政治。

政治是有规律可循的,那就是人心向背规律。无论是一个政党,还是一个政治家,当你有人心、得人心的时候,你就有政治,就是政治的胜利者;相反,失去人心、不得人心时,也就没有政治了,其政治生命也就停止了。试想,一个政党,一个政治家,当人们都离心离德,不去拥护他、维护他,他还有什么政治可言,还怎么能把政治搞下去?这一点,古今中外概莫能外,中国历史上历代王朝的覆灭,包括国民党败退台湾,无不都是失去人心的结果。

政治的核心问题是领导权问题。一个政党、一个政治家争夺的就是领导权。有了领导权,才有话语权、行动权和指挥权,才能实现政党、政治家的思想、理念、战略、路线、方针、政策。而其领导的正确与否,给国家和人民带来什么后果,只能由实践检验。

共产党的政治是最广大人民群众的政治,其根本宗旨就是全心全意为人民服务。所以邓小平讲:“就是要把人民群众拥护不拥护、赞成不赞成,人民高兴不高兴、满意不满意,人民答应不答应作为制定各项方针政策的出发点和归宿,作为衡量我们工作好坏的唯一标准。”政治问题,从根本上说,就是对人民群众的态度问题和同人民群众的关系问题。由此，可以这样说，我们共产党的干部是不是讲政治、政治讲得如何，最根本的就是看他对待人民群众的态度、为人民服务的程度和与人民群众的关系如何。实践中这方面的体会是很深刻的。一个干部，大多数群众拥护、赞成，对他评价很高，这个干部一般来说肯定是不错的，能够比较好地为人民服务。反之，大多数群众不赞成，评价不怎么样的，这个干部一般来说就不怎么样，不是思想修养不够不想为人民服务，就是能力不强不能为人民服务。而我们有些同志则认识不到这一点。当许多人反对自己时，不是从主观上找原因，积极改造思想、改进工作，反而怨天尤人、抱怨群众，结果往往是越走越远，甚至与群众搞对立。这就是不讲政治，不懂得共产党政治的根本之所在。

实践证明，群众看一个人是准确的。群众不会随意埋没一个人，也不会随意抬举一个人。你想知道自己有多沉吗？那么，你就要到群众中去称一称。群众这杆秤是准确的。为什么呢？第一，一个人总是工作生活在群众中间，他的一言一行总是不断地比较全面地暴露在群众面前，群众看得是清楚的。它不同于谈恋爱和面对领导，总是把最光华的一面显露给对方，而千方百计把不怎么样的一面掩盖起来。在群众面前，好的和不好的都无法掩饰，即便掩饰一时也难以掩饰长久。第二，绝大多数群众看一个人一般都是站在公众的立场上，用公众标准来衡量的。即使有些群众水平可能不高，有的人甚至本身有这样那样的毛病，但他们看别人、评价别人则一般是客观、公正的。这也是笔者在工作实践中的体会。

写于2011年1月

第四十一谈

十八届三中全会有感

中国共产党十八届三中全会可谓亮点多多。全面深化改革的总目标非常鲜明，做出了社会制度、国家治理、市场经济、民主政治、先进文化、和谐社会、生态文明、要素活力、财富创造、成果惠及全方位的顶层设计。各项改革的具体目标也十分鲜活，经济体制要紧紧围绕使市场在资源配置中起决定性作用深化经济体制改革，坚持和完善基本经济制度，加快完善现代市场体系、宏观调控体系、开放型经济体系，加快转变经济发展方式，加快建设创新型国家，推动经济更有效率、更加公平、更可持续发展；政治体制要紧紧围绕坚持党的领导、人民当家做主、依法治国有机统一深化政治体制改革，加快推进社会主义民主政治制度化、规范化、程序化，建设社会主义法治国家，发展更加广泛、更加充分、更加健全的人民民主；文化体制要紧紧围绕建设社会主义核心价值体系、社会主义文化强国深化文化体制改革，加快完善文化管理体制和文化生产经营机制，建立健全现代公共文化服务体系、现代文化市场体系，推动社会主义文化大发展大繁荣；社会体制要紧紧围绕更好保障和改善民生、促进社会公平正义深化社会体制改革，改革收入分配制度，促进共同富裕，推进社会领域制度创新，推进基本公共服务均等化，加快形成科学有效的社会治理体制，确保社会既充满活力又和谐有序；生态体制要紧紧围绕建设美丽中国深化生态文明体制改革，加快建立生态文明制度，健全国土空间开发、资源节约利用、生态环境保护的体制机制，推动形成人与自然和谐发展的现代化建设新格局；领导体制要紧紧围绕提高科学执政、民主执政、依法执政水平，深化党的建设制度改革，加强民主集中制建设，完善党的领导体制和执政方式，保持党的先进性和纯洁性，为改革开放和社会主义现代化建设提供坚强的政治保证。时间安排切实可行，到2020年，在重要领域和关键环节改革上取得决定性成果，形成系统完备、科学规范、运行有效的制度体系，使各方面制度更加成熟、更加定型。

对于十八届三中全会，国内外评价都特别高。笔者认为，它是继十一届三中全会邓小平首推改革开放以来，再一次最深刻、最全面的推进改革开放，它必将对中国社会带来一系列重大变革。这种变革是前所未有的。纵观中国社会的历史，我们一直走的是重农抑商、重官轻民的路子，直到改革开放之前，我们也没有摆脱这个路子。严格的户籍制度将农民身份固化；知识青年上山下乡使城里人农民化；商业的互通有无被视为投机倒把、刑事犯罪；高度集中的计划经济，使得一切社会资源均由官员支配，形成了庞大的官员队伍，强化了官本位，至今还在以千军万马挤公务员，至少也要进个事业单位为荣。按照十八届三中全会设计的全面深化改革的路子走下去，必然会打破这一切，形成重商、重民的新局面。农要融入商，农商一体，凡中华人民共和国公民均会以为社会创造财富、为国家贡献税收、为民众安排就业为荣；官要融入民，官民一体，民可官，官可民，以民为本。

这种变革，关键在于变，所以会成功。可怕的是不变、怕变。苏联的顷刻倒塌，主要是勃列日涅夫18年不变导致的，戈尔巴乔夫的新思维只不过是在将倾大厦上的最后一击。春秋战国时期，秦国商鞅变法，个人虽遭车裂，但变法没终止，秦国富国强兵，横扫六国，实现了中国历史上第一次大统一。而宋朝的王安石变法、明朝的张居正变法、清朝的康梁变法均夭折，其政权也自然是不可能延续的。中国共产党改革开放35年，虽有波折、有缓慢，但没有倒退、没有夭折，总体上是成功的。经济由一大二公、全面短缺变为主体多元、全面富足;政治由阶级斗争为纲、万马齐喑变为以现代化建设为中心,百舸争流;社会由全民固化,城乡、工农、脑体三大差别变为全民流动,互相服务;对外由反帝防修、闭关锁国变为全面开放、融入全球。期间虽然出现了一些问题,诸如严重的两极分化、官员的腐败盛行、垄断的国进民退、一些社会矛盾的激化,但根子不在改革开放,而是传统的官本位、计划经济、行政垄断资源、官员包揽一切的体制所致,而这些问题恰恰是由于改革开放不到位、不深入、不全面造成的,出路只能是进一步改革开放。这正是十八届三中全会的重大意义所在。

这种变革会保障国家有强有力的组织领导和科学的制度安排。一个国家,特别是中国这样的大国,如果没有强有力的组织领导和科学的制度安排是万万不行的。如果没有,国家就有可能四分五裂,比如新疆问题和西藏问题;就有可能派系林立、互相争斗、导致混乱;就有可能经济倒退、供给短缺、物价飞涨。这是被古今中外历史和现实反复证明了的。所以,解决中国的现实问题,只有在中国共产党领导下,深入地全面地推进改革开放,才是唯一正确的出路。

写于 2013 年 12 月

第四十二谈

民权法治的历史必然及其深远影响

国家治理体系和治理能力现代化，笔者认为，高度概括起来就是四个字——“民权法治”。具体体现为三个方面：严管公权力、放宽民权利、全面依法治国。

党的十八大以来，党中央在上述三个方面已经采取了一系列行动。严管公权力方面，诸如八项规定，反“四风”；遏制“三公”，治理“裸官”，清理楼堂馆所和超标办公室；反腐风暴，打虎拍蝇；大量简政放权，建立权力清单、责任清单、负面清单；限制国企高管高薪、高消费、高福利等。放宽民权利方面，诸如鼓励大众创业、万众创新；全面进行商事制度改革，简化工商注册登记手续，注册资本由实缴制变认缴制，年检改年报；取消农业和非农业的二元户籍管理制度，统一为居民户口；大幅度放宽民资准入领域，包括公共事业、国有企业，大力推进混合所有制经济；建立上海、天津、广东、福建自由贸易区等。全面依法治国方面，十八届四中全会出台了一系列重大举措，如依法治国、依法执政、依法行政共同推进；法治国家、法治政府、法治社会一体建设；实现科学立法、严格执法、公正司法、全民守法；法官、检察官独立行使职权，终身责任制，审判流程公开，裁判文书公开，执行信息公开，以公开促公正；建立领导干部干预司法登记制度，做到法律面前人人平等，绝不允许任何人以任何借口任何形式以言代法、以权压法、徇私枉法。总之一句话，就是要把中国几千年的人治社会变为法治社会,而且是全面的法治社会。

“民权法治”是历史的必然。为了进一步说明这一问题,我们不妨研究一下我们国家治理的历史演变过程。从已经考证清楚了的4000多年的历史来看,笔者认为,从国家治理的角度看,4000多年可以分为两个大的历史阶段。第一阶段是夏商周时期,历时大约1800年时间,这一阶段的国家治理,可以概括为四个字,就是“王权封治”。拿周王朝来说,西周王朝建立后,周天子分封了72个诸侯到各地治理,普天之下莫非王土。可时间一长,“姓”相近、习相远了,王也不王了,周幽王烽火戏诸侯后,西周变东周,进入“春秋五霸”“战国七雄”时代。这种治理是由当时的生产力水平决定的。第二阶段是秦汉隋唐宋元明清时期,时间跨度2200年。对于这个漫长历史时期的国家治理,也概括为四个字,就是“皇权官治”。秦始皇一统天下后,建立了皇权制度,实行郡县制,皇帝任命官员到各地治理,官员开始从贵族和功臣中选派,到汉朝察举(举孝廉),再到隋唐开科举,直至清末废除,一直延续了2000多年。长期的“皇权官治”,使我们国家形成了一个基本的固化的经济政治格局,就是“重农抑商、重官轻民”。农为重,商为轻,男耕女织,一家一户,小农生产,形不成以交换为目的的商品经济,更出现不了市场经济;官为重,民为轻,称官是“官老爷”,老百姓期盼的是青天大老爷,称民则是臣民、小民、贱民。直到改革开放之前,我们也没有摆脱这个路子,只是没有皇帝了:严格的“城乡二元户籍”将农民身份固化;知识青年上山下乡使城市人农民化;商业的互通有无被视为投机倒把;高度集中的计划经济,使得一切社会资源均由官员支配,形成了庞大的官员队伍,强化了官本位、官文化,至今还是千军万马挤考公务员,至少也要进个事业单位,否则就不算正式工作。

按照“民权法治”的路子走下去,中国未来的走向将会发生巨大改变。一是会彻底改变传统的2000多年来一直奉行的“重农抑商、重官轻民”的经济政治格局,从而形成农商一体、农融入商,官民一体、官融入民的全新的经济政治局面。二是国家将彻底摆脱王朝轮回的周期更迭，人民将彻底摆脱内乱轮回的周期困扰，既能保持我们国家的大一统局面，又能保证我们的社会长治久安。这是国家之大道，人民之福祉。

按照这样的国家治理路子走下去，影响就不只是2000年、4000年的时间了，而是世世代代、永永远远了，只要中国社会存在，只要人类社会存在，就会一直影响下去。可能吗？完全可能。

一是人类社会共同规律使然。“民权法治”在西方已经有300多年（从1688年英国光荣革命君主立宪算起）的历史了，英美国家可以游行、可以有危机，但没人去推翻政府；日本首相走马灯式地换，但政府照常运行。我们比他们会做得更好。二是有中华民族5000多年的文化底蕴。实际上中华民族不只是5000年文明史，如果从中华文化总源头《易经》开始，应是7000多年了。伏羲一画开天地，太极阴阳八卦揭示了宇宙万物人生社会之规律，此是7000多年前的事了，被称作远古时期；周文王演绎为64卦，已有3000多年，到孔子作《十翼》，即《易传》，也有2500多年。岐伯《黄帝内经》、老子《道德经》、孔孟之道无不源于《易经》之大道。所以，我们的“民权法治”必然是以中华文化为底蕴的“民权法治”，不可能是照抄照搬西方的“民权法治”。三是有近100多年来的经验教训，这些经验教训归结到一点就是，我们不能走“皇权官制”的老路，也不能走“自由民主”的西路，我们要走协商民主、民主集中、依法治国的路子。中华文化源远流长，但需要与国家治理体系和治理能力现代化的“民权法治”制度嫁接。日本、韩国、新加坡嫁接得比较成功，这三个国家都是东方文化，其本源是中华文化。他们能够嫁接成功，我们照样会成功。四是有中国共产党的领导。中国共产党最大的特点是与时俱进且高人辈出。革命战争年代有毛泽东，改革开放有邓小平，民权法治有习近平。有人总是怀疑一党的可行性，这里，笔者要郑重地告诉大家：能行。日本明治维新时，连党都没有，就是有1400多年历史传承的天皇,新加坡就是人民行动党长期执政,不都实现了"民权法治"吗?市场经济制度过去不也认为社会主义不能搞吗?公有制神圣不可侵犯啊!中国共产党不是也搞成了吗?怎么"民权法治"就搞不成呢?

"民权法治"的民权是什么?当然首先是政治权,主要是指公民的选举权、被选举权,以及财产权和人身权。关于政治权利,我们有些人总认为是禁区不敢碰,事实上,这是国家治理体系和治理能力现代化不可回避也回避不了的问题。如果把复杂的问题简单化,深刻的问题通俗化,笔者认为,国家治理体系和治理能力现代化要解决的核心问题就是公权力由谁赋予、由谁监督的问题,实质上就是官选官、官管官,还是民选官、民管官的问题。我们一直坚持的原则是党管干部,那就是官选官、官管官。笔者认为,最好的是走出中国特色的社会主义路子,即把党管干部和民选干部结合起来。前提是中央和省市自治区现有制度不变,把地市一级行政机构取消,省直管县,对县市长实行属地公民选举和省市自治区党委任命相结合的办法。具体操作:一是在县市政府换届时,根据组织考核、民意测评、公民推荐和自荐,形成3名候选人,向省市自治区党委申报确认,确认后即可成为县市长正式候选人;二是按照宪法,有选举权和被选举权的公民,都要进行选民登记;三是各候选人都要通过电视、广播、报纸、网络等多种媒体向选民公开亮相,发表竞选演说、施政纲领,乃至候选人公开辩论,要在不同场合与公民面对面直接交流,接受咨询、进行答辩;四是选民直接投票选举,得票多者当选,且由其进行组阁,不要由组织配备副职;五是对当选者报经省市自治区级党委批准后生效。届期5年,连选连任不能超过两届;六是省委组织部门和社会民间机构每年都要进行民意测评,支持率调查,并向社会公布测评、调查结果;七是乡镇长选举照此进行,只是候选人和最终选举结果由县市党委确认、批准。

以上的做法好处有三点。第一,把党管干部和人民当家做主紧密结合,融为一体。由省级党委确认候选人和最终任命县市长,体现了党管干部原则；对候选人交由属地公民直接选举，得票多者当选，体现了人民当家做主的宗旨。第二，把官选官、官管官和民选官、民管官紧密结合，融为一体。中国自古以来基本上实行的是官选官、官管官制度，吏治的腐败难以解决；欧美现行的制度基本是民选官、民管官，易过分迁就于民，受各种利益集团困扰。因此，我们应该创出一条新路，就是将二者结合起来，最大限度地克服各自的弊端，让县市长既要对确认、任命他的上一级党委负责，又要对选举他的选民负责。第三，把组织防腐反腐和民众防腐反腐紧密结合，融为一体。由省级党委确认候选人和最终任命县市长，利于全党集中统一，利于组织上防腐反腐，利于省直管县。因为省级党委是由党中央直接把控的，一般不会过于偏离党中央的大政方针。由公民直接选举，公开亮相，没本事的人和有腐败问题的人一般是不敢面对公众参加竞选的，这就从民众层面上起到了防腐反腐作用。

事实上，公民的选举权和被选举权在我国农村已经实施多年了，那就是村民委员会的村民直接选举，简称村主任民选。可以说，这是我国最广泛最彻底的民主形式了。基本做法是：组建村民选举委员会；登记年满18周岁以上选民；推荐和自荐候选人；候选人与村民见面，介绍履职设想，回答村民问题；无记名投票选举，当众唱票、计票、公布选举结果。当选者任期3年，到届重新选举，继续当选可以连任，没再当选自然下台。经过多年尝试，现已比较成熟。当然，人们对此也有一些负面看法，最多的说法就是"贿选"现象比较严重。"贿选"的形式主要是请选民吃饭、给选民送钱。对此，笔者的看法是：村主任由村民直接选举是我国自古以来从没有过的事情，而且是在村民这个被视为素质最低、最没有条件实行民主选举的数量庞大的群体中进行，意义特别重大。至于"贿选"，笔者认为，贿选民比贿官员要好，而且阳光下贿选民要比暗地里贿官员好，同时也说明选民有了真正的民主权利。当然，无论是阳光下贿选民，还是暗地里贿官员都是错误的。

我们搞“民权法治”，但是不能否定“皇权官治”的历史贡献。秦始皇一统天下后，建立的“皇权官治”国家治理制度，形成了中国2000多年的大一统国家。虽说是天下大事，分久必合、合久必分，但实际却是分少合多。为什么我们中华民族能够得以延续？为什么我们中华文化能够得以传承？根子就在这里。由此，反观欧洲，他们也曾几经整合都没有成功，带来的灾难则是深重的。历史上有罗马的凯撒大帝，近现代有法国的拿破仑、德国的希特勒。现在正通过和平方式解决，建立欧盟，推出欧元，但统一财政、统一外交、统一司法、统一行政等将是遥遥无期的事。所以，我们不要妄自菲薄自己的历史，秦始皇一统天下，建立的“皇权官治”的国家治理制度，其历史贡献还是相当大的。

写于2015年1月

第四十三谈

国家治理现代化与“四个全面”战略布局

国家治理体系、治理能力的现代化是国家长治久安所必须具备的重要条件，而要实现国家治理体系和治理能力的现代化，就要实现“四个全面”战略布局。

翻开中国历史，我们不难发现，历朝历代政权更替，直接导火索各种各样，但都有一个共同的主因，就是腐败严重。夏商周如此，秦汉隋唐宋元明清，包括魏晋南北朝、五代十国同样如此。哪个朝代都想江山永固，世代传承，可大多都毁在腐败上。他们也不是不反腐败，有的甚至还反得很极致。像明朝，朱元璋曾把腐败官员剥皮做成稻草人，放在后任的公堂上，但都逃脱不了腐败导致政权垮台的命运。为什么？核心就是没有建立起能够使国家长治久安的治理制度。这正是今天我们中国共产党人要解决的重要问题。所以，党的十八届三中全会明确提出，全面深化改革的总目标是完善和发展中国特色社会主义制度，推进国家治理体系和治理能力的现代化。

还记得20世纪70年代末80年代初，我们国家最响亮的口号就是农业、工业、国防、科技“四个现代化”，解决的主要是国家的硬实力，当时的背景是：贫穷、落后、短缺。现在我们已经基本上实现了“四个现代化”。国家治理体系和治理能力现代化是要解决国家的软实力，较之硬实力，解决软实力更加重要，更加艰巨。从历史上看，我们国家的硬实力较长时间内在世界上都是遥遥领先的，即使在1840

年鸦片战争时，国民生产总值也是世界第一。所以，问题就出在软实力上，即落后的国家治理制度，长期皇权专制，闭关锁国，夜郎自大。看来，只有硬实力，没有软实力是不行的。否则，即使经济发达起来了，也只是土豪、城管的形象和档次。

实现国家治理体系和治理能力现代化，中国未来的走向将会发生巨大改变。一是会彻底改变传统的两千多年来一直奉行的“重农抑商、重官轻民”的经济政治格局，从而形成农商一体、农融入商，官民一体、官融入民，民可官、官可民的全新的经济政治局面；二是使国家彻底摆脱王朝轮回的周期更迭，使人民彻底摆脱内乱轮回的周期困扰，既能维持我们国家大一统的局面，又能保证我们社会的长治久安。这是国家之大道，人民之福祉。

怎样实现国家治理体系和治理能力现代化呢？那就是实现“四个全面”的战略布局，即全面建成小康社会，全面深化改革，全面依法治国，全面从严治党。

全面建成小康社会是国家治理体系和治理能力现代化的出发点和落脚点。也就是说，推进国家治理体系和治理能力现代化的目的，长远的就是实现中华民族伟大复兴的中国梦，近期的就是全面建成小康社会。这是凝聚海内外所有中华儿女向心力的伟大事业，它可以超越意识形态和不同政见的限制，是全社会意愿和要求的最大公约数，使全社会共同为之奋斗。

全面依法治国是国家治理体系和治理能力现代化的具体体现。国家治理体系和治理能力现代化从根本上说就是要把中国几千年的人治社会变为法治社会，而且是全面的法治社会，就是依法治国、依法执政、依法行政共同推进，法治国家、法治政府、法治社会一体建设，实现科学立法、严格执法、公正司法、全民守法，做到法律面前人人平等，绝不允许任何人以任何借口、任何形式以言代法、以权压法、徇私枉法。

全面深化改革是推进国家治理体系和治理能力现代化的关键。

因为不改革就是死路一条，推进国家治理体系和治理能力现代化更是无从谈起。苏联的顷刻倒塌，最主要的原因就是勃列日涅夫 18 年没有进行改革，只一味地强化着特权庞大的官僚政治体制和高度集中的计划经济体制，戈尔巴乔夫改革为时已晚，其新思维只是在即将垮塌的大厦上的最后一击。清王朝也是如此，1840 年鸦片战争后未能警醒，继续奉行皇权专治、闭关锁国、夜郎自大的政策，1894 年甲午战争后戊戌变法又遭遇失败，就意味着大清王朝必然垮台。

改革历来是艰难的，难就难在它触动的是一些掌权者的既得利益。中国历史上改革的不少，但成功的寥寥。商鞅变法、王安石变法、张居正变法、康梁变法等诸多变法中，只有商鞅变法成功了。然而商鞅变法同样触及了若干大贵族和掌权者的既得利益，秦孝公死后商鞅很快被处以车裂而惨死，就是要给既得利益集团解气，包括秦惠文王本人，但秦惠文王的高明之处是没有夭折商鞅新法，而是延续了商鞅新法，且后来的秦王朝继续延续了商鞅新法，才使得秦国得以国富兵强、横扫六国，建立了统一的秦帝国，实现了中国两千多年大一统的政治局面。

邓小平开创的改革开放，主要得益于他是中国共产党第一代领导集体核心人物之一，作为老一辈革命家，他有大气魄、大智慧，提出了改革开放，主导了改革开放，这太重要了，与苏共形成了鲜明对照，也与中国历史上的历次变法形成了鲜明对照。这是中国共产党人的荣幸，也是中国人民的荣幸。不仅邓小平开创了改革开放，而且后继党中央领导人还传承了改革开放，这同样太重要了。明朝张居正辛辛苦苦改革 10 年，可他死后，改革成果被他呕心沥血培育的小皇帝万历给毁于一旦了。

当今的改革开放虽然取得了辉煌的成就，但是还远没有完成，改革还在路上，而且还曾有夭折的危险。因为改革在取得了辉煌成就的同时，也带来了一系列突出问题。诸如公权力过大、到处寻租、腐败盛行，国进民退、垄断强化、经济活力受阻，财富过度集中、两极分化严重、社会不稳定因素增多，司法不公、暗箱操作、潜规则通行，生产方式粗放、产能过剩、环境污染，诚信缺失、假冒伪劣骗、一切向钱看等。面对这些问题，曾出现了两种声音、两条道路。一种声音和道路认为，这都是市场经济惹的祸、改革开放坏的事，出路是加强政府主导，强化国有经济，“打黑唱红”，该收的没收、该抓的抓，大有全面专政之势。另一种声音和道路认为，所有的问题恰恰是改革开放和市场经济不到位，民营经济不充分、垄断经济过度、政府权力过大，没有好处不作为、给了好处乱作为所致。出路是必须全面深化改革，不仅要全面深化经济体制改革，而且要全面深化政治、社会、文化、生态改革。党的十八届三中全会《关于全面深化改革若干重大问题的决定》，做出了后一种抉择。这一抉择的意义特别重大，因为它是在改革开放大道的十字路口上做出的。

全面从严治党是推进国家治理体系和治理能力现代化的根本保障。中国这样人口众多的大国，没有一个强有力的领导核心是万万不能的。在中国，这个领导核心就是中国共产党。一定要清楚，我们所走的是中国特色的社会主义道路，这个特色的最本质特征就是中国共产党领导，所谓党大还是法大，就像先有鸡还是先有蛋一样没有必要讨论。如何成为强有力的领导核心，关键是两点：一是路子要走对，二是执政要廉洁。革命战争时期，中国共产党之所以得到解放区人民的热烈拥护并最终取得政权，就是得益于以农村包围城市、武装夺取政权的正确路子，打土豪、分田地的群众路线，不拿群众一针一线的清正廉洁。改革开放前，我们的路子没有走对，理论上是无产阶级专政下继续革命理论；经济上消灭资本，剥夺地权，大跃进、人民公社，大一统计划经济；政治上以阶级斗争为纲，全面专政，运动一个接一个，直至文化大革命十年动乱。改革开放后，我们的路子走对了，就是中国特色的社会主义道路。这个道路就是在中国共产党领导下，立足社会主义初级阶段基本国情，以经济建设为中心，坚持四项基本原则，坚持改革开放，解放和发展生产力，建设社会主义市场经济、社会主义民主政治、社会主义先进文化、社会主义和谐社会、社会主义生态文明，促进人的全面发展，实现全体人民共同富裕，建设富强、民主、文明、和谐的社会主义现代化国家。30多年来的实践证明，这条道路是成功的，由此我们摆脱了贫穷落后，基本上实现了四个现代化，所以现在我们才有道路自信、理论自信、制度自信可言。可是在这个过程中第二点出了问题，而且问题不小，那就是腐败盛行。盛行到什么程度呢？已经到了可以断送中国共产党执政地位的危险程度。我们总结历史的经验教训总是说，吏治的腐败是最大的腐败。看一看我们的吏治，跑官要官、买官卖官随处可见，腐败官员随处都有，我们的腐败是党政军、公检法、国有企业、事业单位各领域全覆盖；中央、省市、地市、县市、乡镇、村组各个层级全都有。腐败官员都有一个突出特质就是“两面人”，正如原山东省济南市市委书记王敏述说了自己贪腐堕落的心路历程时所说：“台上一套、台下一套，说一套、做一套；人前是人，人后是鬼……”这是非常可怕的，可怕就可怕在像《红楼梦》上的“假作真时真亦假”，长此以往，会导致官员群体失信，政权失信。我们的社会诚信这么差，假冒伪劣如此猖獗，与我们的政治生态有很大关系，官员假话连篇、政绩造假、档案造假。如此，你让百姓怎么信，假的当了真，真的也就当了假，你让百姓不造假怎么可能呢？这不是个别现象、局部问题，而是形成了一种官场文化、政治生态。

政治生态问题是习近平总书记在中央政治局第十六次集体学习时提出来的，他说，“营造一个良好的从政环境，也就是要有一个良好的政治生态”。随后他在参加2015年“两会”江西代表团审议时再次强调，“自然生态要山清水秀，政治生态也要山清水秀”。这个提法非常好，因为政治是管全局的，是驾驭整个社会的。政治不是神话，而是活生生的现实。政治与每个人都息息相关。我们每个单位、每个人都离不开政治，政治生态好，社会就顺、人心就顺，特别是在我们这样一个高度不患寡而患不均的社会里。

腐败是人民的公敌,也是执政者的公敌。腐败者打着共产党的旗号、戴着共产党的官帽,干着见不得人的私人勾当,好处个人得了,坏处记在党的头上。所以,十八大以后党中央下大力反“四风”、反腐败,全面从严治党,就是要遵循政治规律,解决人心向背问题。如果放任一些掌权人继续刮“四风”、搞腐败,任性胡来,党就会失去人心。如果不敢得罪少数腐败分子,就会得罪大多数人民。这个账中国共产党就得算明白,否则就会重蹈中国历史上的覆辙,就会重蹈前苏联共产党的覆辙。所以,党中央反腐败按照“零容忍、全覆盖、无禁区、不封顶、不设限、无例外”的原则持续高压进行的做法是完全正确的。所要达到的效果就是让官员不敢腐、不能腐、不想腐。有些人还像以往那样,抱着侥幸心理,等待风头过去,看来是过不去了。这正是伟大的政治家所为。

全面从严治党是最大的政治。作为中国共产党的领导干部,这儿失职、那儿失职,不全面从严治党则是最大的失职。不客气地说,有相当长一个时期,已经是党不管党了,更谈不上全面从严治党了。很多领导干部都去抓经济、抓钱去了,所以才出现了政治生态恶化问题,这是非常可怕的。这种状况必须彻底改变。

实现国家治理体系和治理能力现代化和“四个全面”战略布局,无论对我们国家,还是对我们个人,影响都将是极其重大而深远的,不管我们意识到还是没意识到,它都会影响着我们,包括我们的思维方式、工作方式和生活方式。正确的态度就是一要适应、二要变化。

写于2015年9月

第四十四谈

管党治党的“六个关键”

《中国共产党章程》《中国共产党廉洁自律准则》《中国共产党纪律处分条例》等，可以说各个方面都有了管党治党的规矩和纪律。我不讲是什么，只讲为什么，因为是什么都在那摆着呢！对于为什么，需要放在一个大时空中思考、放在一个大格局中思考，由远及近，由大及小，由整体到具体。古人讲，“不谋全局者不足以谋一域，不谋万世者不足以某一时”就是这个道理。

一、中国的前途关键在中国共产党领导

这个观点主要是回答在中国没有中国共产党的领导行不行这个问题。笔者认为，还真不行。

从国内看，中国是多方面差异极大的国家，没有强有力的政治领导是不行的。首先，中国人口众多、素质参差不齐；其次，民族众多、习俗多样、信仰多元（信仰共产主义和中国特色社会主义是主导，与此同时信仰道家、佛教、基督教、天主教、伊斯兰教的人也不在少数，更有众多的人是信祖宗）；再次，中国地域辽阔，经济社会发展严重不平衡，自然生态环境差异很大。最后，还有“藏独”“疆独”“台独”“港独”等分裂势力和分裂分子分裂国家的活动。没有强有力的政治领导能行吗？

从国际看，中国是后发崛起的国家，面对复杂的国家环境，没有强有力的政治领导也是不行的。首先，中国是从一个积贫积弱、四分五裂、饱受外来侵略的殖民地半殖民地的皇权专制国家过来的，各方面基础十分薄弱。其次，发达资本主义国家的力量十分强大，世界几经瓜分基本固化。第二次世界大战后建立了联合国、世贸组织、国际货币基金组织、世界银行等世界性政治经济组织，形成了新的世界政治经济秩序。再次，我们如果不另辟蹊径，走出自己的特色道路，而是跟着西方发达国家的屁股后面走，邯郸学步，是难以崛起超越的。况且西方的制度问题也不少，政党竞争成了利益集团的较量，很多事情不问是非、不管对错，为了反对而反对，比如美国的控枪案、医保案等，以及一次又一次的金融经济危机。最后，东海、南海、台湾海峡、东北亚问题那么突出，到处都有美国插手，没有强有力的政治领导能行吗？

国家治理体系和治理能力现代化，没有强有力的政治领导也是不行的。这是软实力，相比较硬实力更加重要。要使国家长治久安，避免周期律，就得走国家治理现代化的路子，核心是民权法治。有人总是怀疑一党行不通，笔者认为完全能行。日本明治维新时，连党都没有，只有 1400 多年历史传承的天皇，新加坡就是人民行动党长期执政，不都实现了国家治理现代化了吗？市场经济制度过去不也认为社会主义不能搞吗？公有制神圣不可侵犯啊！中国共产党不是也搞成了吗？怎么国家治理现代化就搞不成呢？

中国共产党有足够强大的政治力量。一方面，中国共产党是从艰难困苦、艰苦卓绝的奋斗中走过来的，有正反两方面的经验教训，形成了一系列的行之有效的治国理政的理论、路线、方针、政策和法律法规，执政已经娴熟。另一方面，中国共产党与时俱进，伟大的政治家频出，并在危难时期大显身手。

二、中国共产党领导的关键在廉洁从政

一个政党执政的关键有两点：一是路子要走对，二是执政要廉洁。革命战争时期，中国共产党之所以得到根据地、解放区人民的热烈拥护并最终取得全国政权，就是得益于以农村包围城市、武装夺取政权的正确路子，打土豪、分田地的群众路线，不拿群众一针一线的清正廉洁。改革开放前，我们的路子没有走对，中国人虽然站起来了，但没有摆脱贫穷落后局面。改革开放后，我们的路子走对了，就是中国特色的社会主义道路。近40年来的实践证明，这条道路是成功的，由此我们摆脱了贫穷落后，基本上实现了四个现代化。可是在这个过程中第二点出了问题，那就是腐败。

腐败是人民的公敌，也是执政者的公敌。腐败者打着共产党的旗号、戴着共产党的官帽，搂着个人、家庭和亲朋好友的好处。好处个人得了，坏处记在中国共产党头上。所以，十八大以后党中央下大力反“四风”、反腐败，就是解决人心向背问题。如果放任一些掌权人继续刮“四风”、搞腐败，任性胡来，党就会失去人心。如果不敢得罪少数腐败分子，就会得罪绝大多数人民群众。

三、廉洁从政的关键在全面从严治党

全面从严治党，既要全面又要从严。严，是全部党组织的严，是全体共产党员的严，是要从政治上、思想上、作风上、组织上、制度上全都严起来。

政治上，要求共产党员坚定不移地跟党走，政治立场要坚定，政治态度要鲜明，党的路线方针政策要执行，特别要在重大政治原则问题上、在大是大非问题上自觉同党中央保持高度一致。

思想上，要实事求是、理论联系实际、一切从实际出发，杜绝主观主义、教条主义、官僚主义，切忌主观臆断拍脑门盲目决策，切忌凭个人好恶看人、做事，搞什么“说你行你就行不行也行，说你不行你就不行行也不行，不服不行”那一套。

作风上，要密切联系群众，解决实际问题。八项规定、反“四风”（形式主义、官僚主义、享乐主义和奢靡之风）、党的群众路线实践教育活动（主要是以为民、务实、清廉为主要任务，着力解决人民群众反映强烈的突出问题，提高做好新形势下群众工作的能力）、“三严三实”专题教育活动（严以修身、严以用权、严以律己，谋事要实、创业要实、做人要实),就是在解决多年积累下来的作风问题。

组织上,要严格执行民主集中制的组织原则,做到个人服从组织,少数服从多数,下级服从上级,全党服从中央。当前的问题是党内集中不够和民主不够的问题同时存在。有的党组织软弱涣散、我行我素、各行其是,党的路线方针政策落实不到位;有的独断专行,搞家长制、"一言堂",个人凌驾于组织之上,党内民主得不到充分保障,领导干部特别是一把手的权力得不到有效制约。

制度上,面对8700万党员、430万党组织怎么治?怎么管?只能靠建制度、立规矩,依据制度治党、依据规矩管党。制度、规矩很多,涉及方方面面,对于全体党员来说,笔者认为最重要的规矩和制度就是《中国共产党党章》《中国共产党廉洁自律准则》《中国共产党纪律处分条例》。党纪严于国法、纪在法前、纪法分开是十八大以来党的制度建设的特点,因为党是先锋队,不能混同于普通百姓。国家法律是任何组织和个人必须遵守的底线。

全面从严治党,才能使党团结统一,同心同德,形成强大的政治领导力。一个缺乏规矩和纪律约束的政党,是不可能领导好一个国家和社会的。

四、全面从严治党的关键在党规党纪的严格执行

改革开放以来到十八大,我们的党规党纪出台了不少,各种活动也搞了不少,但是为什么歪风邪气越演越烈,腐败问题越来越盛?主要的原因是党规党纪执行不力,各项活动走了过程,使党规党纪成了"稻草人""纸老虎",进而形成了"破窗效应"。1983 年十二届二中全会通过了《中共中央关于整党的决定》,用三年时间分三批进行,结果是除了清理了文革"三种人",其他就走了过程,还出现了几股新的不正之风。从 1993 年开始,中共中央纪律检查委员会每年都召开党风廉政建设工作会议,到 2012 年连续召开了 19 年,每年都是总书记讲话,纪委书记报告,一年比一年认识高、要求严,但是一年一年过去了,腐败问题并没有得到解决,这就是党规党纪没有得到严格执行的结果。1998 年开始的“三讲”活动,2005 年开始的“先进性教育”活动,2010 年开始的“创先争优”活动可以说基本上是认认真真地走了过场。

这种情况绝不是不执行、走过场那么简单,实际上对党的损害是非常大的。一是人民群众对纠风反腐越来越失去信心。二是一些人习惯了纠风一阵风、反腐抓几个典型,对十八大以后长时间不松手、零容忍的真正反“四风”、反腐败不习惯。三是在党内形成了不少说一套做一套的“两面人”。腐败官员都有一个突出特质就是“两面人”,台上一套、台下一套,说一套、做一套。长此以往,会导致官员群体失信,政权失信。为什么我们的社会诚信度差,假冒伪劣猖獗?与我们的政治生态有很大关系,官员假话连篇、政绩造假、档案造假。你让百姓怎么信?假的当了真,真的也就当了假,你让百姓不造假怎么可能呢?这不是个别现象、局部问题,而是形成了一种官场文化、政治生态。

与“两面人”配套的是“潜规则”。明规则是用来讲的、给老百姓看的,“潜规则”才是真正使用的。有人总结的经验教训是“反着来”才能做成事。比如不让跑官要官,说明跑官要官已经成风,不跑不要,肯定没你的事。办事不让请客送礼,肯定得需要请客送礼。大请大送办大事、小请小送办小事,不请不送办不成事。不“潜规则”,行不行呢?还真不行。事实往往就活生生地摆在你面前,使你眼睁睁地看着曾经是你的亲朋好友、同学同事,人品、能力不如你,通过“潜规则”,混得比你好得多;而你不“潜规则”,好事几乎与你无缘,使你不得不信服,以致后悔莫及,“无可奈何花落去”。这反过来,又倒逼着或影响着更多的人加入“潜规则”行列,如此循环往复,“潜规则”也就形成气候了。

党规党纪执行不了,“两面人”当官,“潜规则”运行,制度、规矩、纪律有还不如没有,人们听到的和看到的差距很大,有些截然相反,人们就反感了、逆反了。

五、党规党纪严格执行的关键在党员领导干部

领导干部是党规党纪的执行者。党规党纪定下来了,由谁执行,主要由领导干部执行,领导干部不执行或执行不到位,那党规党纪就是“稻草人”“纸老虎”。所以,全面从严治党,最重要的就是要落实各级各类党组织对党规党纪执行的主体责任和纪委部门的监督责任,特别是党委书记的第一主体责任和纪委书记的第一监督责任。作为中国共产党的各级各类党组织和党员领导干部,这儿失职、那儿失职,不全面从严治党则是最大的失职。

领导干部是党风民风的引领者。领导干部是党规党纪的执行者,还往往是党规党纪的破坏者。一些领导干部总认为党规党纪是对别人的、管党员的,与自己无关,因为自己是领导干部。所以,自觉不自觉地就不遵守党规党纪,领导干部不遵守就等于破坏,因为他的“破窗效应”太大了,上行下效,你差一尺别人就敢差一丈。众多的人就跟上了。上有所好,下必甚焉。比如盛行多年的“三公”消费,高档楼堂馆所办公、大办公室办公,就是领导干部引领的,所以怎么治也治不了,这次以上率下不就治了吗?婚丧嫁娶、铺张浪费也首先是领导干部带起来的。领导干部是收礼赚钱,普通人是“猪八戒啃猪蹄自吃自”,也都跟着干。

领导干部当好领导难,管好自己更难。我研究人学问题,觉得人世间有两个事比较难做,一是当好领导,二是管好自己。很多人都在当领导,但真正当好领导的并不多,这首先由人的复杂性决定的,还有就是高才的稀缺性决定的。人是高级动物、万物之灵,有思维能力,随时在变化着。我们古老的哲学《易经》对变与不变的规律揭示得很清楚。宇宙自然规律不变,天气随时在变;经济社会规律不变,经济社会形势随时在变;人性和天性不变,思想和情绪随时在变。同样的人和事,时空一变,情况就会变。但变有变的规律,万变不离其宗嘛!就是太极生两仪,两仪生四象,四象生八卦,八卦生六十四卦,六十四卦把所有宇宙社会人生的变化都囊括在其中了。但这变与不

变的规律就不是一般人所能把握得了、把握得好的。这就是为什么很多人当不好领导的原因。各行各业、各个国家和地区都是中才多，高才少。像治病一样没有治不了的病，主要是找不见能治病的高人。中国历史上400多位皇帝，伟大的皇帝没有几个，就是这个道理。但是，人们都想当领导、都愿意当领导，因为有身份、有地位、有资源，这是人性使然。

当好领导难，管好自己更难。有多少领导，包括很多大有作为的领导，由于管不好自己而功亏一篑、身败名裂？古往今来太多了。和珅能耐大不大？那是相当大。领导当得好不好？那是相当好。但却成了千古最有名的大贪官，问题就是没管好自己。管好自己难就难在能不能随时认清自己、把控自己，特别是当你有了权力、有了名气，别人都来捧你、吹你，你还能耐得住吗？你还能保持平常心吗？难啊！恰恰此时，危险就起步了、危机就开始了，只是你飘飘然浑然不知而已。贪官开始也不都是坏人，很多人都是由好人一步一步地变为坏人的。

六、党员领导干部的关键在全体党员的行动

一个合格共产党员，一方面要尽义务，党章规定有八条义务；另一方面尽权利，也是八条。义务和权利都要尽到才是完整合格的共产党员。比如你有服从的义务，你还有监督的权利。不能事不关己高高挂起，明哲保身但求无过。多年来“四风”成风、腐败盛行与我们众多党员麻木不仁的心态也有很大关系。

说到做合格党员，有两个问题非常重要。一个是共产党员的政治素养问题，另一个是共产党员的信仰问题。

中国共产党是政治组织，从事的是政治领导事业，目标是建设中国特色的社会主义，最终实现共产主义。它不是经济组织，搞盈利活动，它不是社会组织，为某个行业和社区做事，它是为全体人民做事。政治组织成员首先就得关心政治、懂得政治。但就共产党员的现状来说可分为三类：一是关心政治，懂得政治；二是关心政治，不懂政治;三是不关心政治,不懂政治。有些人认为,政治是国家的事、领导的事,与己无关,可谓事不关己高高挂起。真的与己无关吗?不是。政治与我们每个人都息息相关,好的政治,可以经济发展、社会安定、大家安居乐业,在国际上有地位、有尊严、不受外敌侵略。不好的政治,过去我们曾尝试过,现在也都看到过。从1840年鸦片战争到1949年中华人民共和国成立,国家积贫积弱,人民流离失所,外敌侵略不断,原因很多,其中重要的一个原因就是没有好的政治。当今世界,阿富汗、伊拉克、利比亚、乌克兰等国家的乱世同样如此。

政治是客观存在的,有人群就有政治,有人群就需要政治。试想,一个社会如果没有政治,人们各自为政,随心所欲,那社会该是一个什么样子。政治是管全局的、是驾驭整个社会的,政治家的劳动是最复杂的劳动,伟大的政治家更是难得。政治当然也不仅仅是少数政治家的事,而是全体人民的事,人人都离不开政治,人人都要在一定的政治生态环境下生存和发展,所以,人人都需要关心政治。共产党员更应如此。政治不像有些人误解的那样是玩权术、耍心眼的把戏,它是一种大智慧。对于大局的事情、长期的事情,普通人往往没看到,政治家先看到了,普通人没办法处理的事情,政治家有办法处理。

再谈谈共产党员的信仰问题。这是一个高端问题,但却是一个非常实在、十分重要的问题。这个问题在一些共产党员看来已经无所谓了,也就出问题了。

人是高级动物,既有物质需求,也有精神需求,精神需求的制高点就是信仰。为什么需要有信仰?因为人随时都有困惑,都有苦恼,都有心理上解不开的疙瘩,需要信仰来解答、解脱。这无论是什么人,在什么情况下都是需要的。纵观人类历史和现实,横看国内外各色人等,无论物质上穷与富,还是文化上高与低,都需要有精神的慰藉、需要有信仰的支撑。

人性是相同的,而信仰往往是不同的,有信仰宗教的,世界上信众最多的是佛教、基督教和伊斯兰教；有信仰科学的，包括自然科学和社会科学，还有其他种种信仰。不同人群的信仰都有其不同的历史渊源和文化背景，要互相认可、互相尊重。信仰有的看不见、摸不着，比如宗教；有的看得见、摸得着，比如科学。中国共产党党员的信仰远的就是共产主义，近的就是中国特色的社会主义。远的我们看不见、摸不着，近的我们已经看得见、摸得着。我们改革开放后的成果，就是坚持中国特色社会主义道路、理论、制度的结果。

信仰的力量是巨大的。自古以来，有多少人为了宗教信仰超凡脱俗，甘当苦行僧；有多少人为了科学信仰不惜苦学、苦干，奋斗终生；有多少人为了共产主义信仰抛头颅、洒热血，不惜牺牲宝贵的生命。

正因为信仰的力量是巨大的，所以信仰不能走偏、不能极端、不能急功近利。在共产主义信仰上，我们就曾犯了这样的错误。共产主义是个远大的理想，它本来是一个漫长的历史过程，至于什么时候实现并不重要，重要的是只要“信”就可以了。但是，夺取政权之后就犯了急于求成的错误。经济上消灭资本、剥夺地权、彻底废除私有制，实行全面公有制，跑步进入共产主义；政治上不断拔高、净化，运动一个接一个，直至横扫一切牛鬼蛇神，狠斗“私”字一闪念。结果人们看到的却是经济上物资短缺，政治上万马齐喑。改革开放后，很多事情又走上了另一个极端，权力寻租，贪腐盛行；诚信缺失，假冒伪劣；财富过度集中，严重两极分化。由此，共产主义信仰受到了严重冲击，不说广大民众，很多共产党员，特别是一些领导干部，“身在曹营心在汉”，干的完全是违背共产主义信仰的事儿。

当今，中国社会缺的就是正能量的信仰。经济发展了，物质丰富了，但苦恼的人多了，幸福的人少了。所以我们应该重树信仰。党的十八大提出的社会主义核心价值观，在国家层面上倡导富强、民主、文明、和谐的价值目标，在社会层面上倡导自由、平等、公正、法治的价值取向，在公民个人层面上倡导爱国、敬业、诚信、友善的价值准则。它是站在人类社会的制高点,与中国特色社会主义发展要求相契合,与中华优秀传统文化和人类优秀文明成果相承接,是集东西方优秀文明成果之大成的科学价值观,国人理应认真践行。中国共产党党员除了社会主义核心价值观,还得有更高的信仰,那就是共产主义和中国特色社会主义。

写于 2016 年 6 月

第四十五谈

公务人员要做到“三个好”

国家治理体系和治理能力现代化，四个全面战略布局，对我们每个单位、每个家庭、每个人的影响都是极其重大而深远的，不管我们意识到还是没意识到，它都在影响着我们。那我们该怎么办呢？一要适应，二要变化。包括我们的观念，我们的学习，我们的工作，我们的生活，诸如子女教育、劳动就业、婚丧嫁娶、医疗养老等，都要有新的变化，否则就难以适应，甚至好多事情想不通、看不惯，疑虑重重。那么，作为国家公务人员怎么适应、怎么变化呢？笔者认为做到“三个好”就好。

第一，找好定位。国家公务人员处在国家治理体系和治理能力现代化、四个全面战略布局的顶层，改革旧体制、设计新规章、执纪执法、行政服务等工作都在公务人员身上。公务人员既是国家治理体系和治理能力现代化、四个全面战略布局的操作者，又是全社会的引领者，这就是定位。按照这样的定位首先要把握大势，国家治理体系和治理能力现代化、四个全面战略布局就是未来的大势。基于这样的大势，公务员就要更新观念，不能再用过去的思维方式和行为方式想问题、做事情了。有些人不管这个，依旧我行我素，“外甥打灯笼——照旧”，那就容易出问题了。比如，八项规定、反“四风”以来，中央和地方通报处理的一批又一批大大小小的干部都是这些人不识时务的后果；还有过去有些人有了好处乱作为、没有好处不作为，恐怕真得要改改了,不作为可能被出局,乱作为可能被逮住。

第二,干好事情。国家公务人员都有各自的工作岗位,有的是领导岗位,有的是非领导岗位。不管是什么岗位,都应尽心尽力地干好事情。只要放平心态,注意锻炼身体,干事情是累不坏人的。可是有些机关单位,就是有那么一些人不干事、干不了事。一些单位是三个“三分之一”,即三分之一的人很忙、很累,他们每天都有干不完的事,甚至还得加班加点地干事,这类人上进、自觉,不管在什么体制下都积极肯干,任劳任怨。还有三分之一的人工作一般,大活做不了,小活努力做,这类人能力不大,态度还好,有了不算多余,没有也不算缺手。另有三分之一的人干脆是不干事、干不了事。有的人三天打鱼两天晒网、不好好上班;有的人根本就不上班、吃空饷;还有的人不干事却好制造麻烦事,什么好处都想得,什么责任都不想担。这类人受“大锅饭”“铁饭碗”体制影响,依仗着是国家人、公家人,没人惹也没人想惹,这种情况必须改变。

第三,管好自己。当好领导难,管好自己更难。有多少领导,包括很多大有作为的领导,由于管不好自己而功亏一篑、身败名裂！和珅能耐大不大,领导当得好不好？但却成了有名的大贪官。管好自己难就难在能不能随时认清自己、把控自己,特别是当你有了权力、有了名气,别人都来捧你、吹你,你还能耐得住吗？你还能保持平常心吗？难啊！恰恰此时,危险就起步了、危机就开始了,只是你飘飘然地浑然不知而已。贪官开始也不都是坏人,很多人都是由好人一步一步地变为坏人的。

写于 2015 年 8 月

第四十六谈

从村主任民选说起

在我国,村民委员会由村民直接选举,俗称村主任民选,已经进行多年,可以说,这是我国存在的最广泛最彻底的民主形式了。其基本做法是:组建村民选举委员会;登记年满18周岁选民;推荐和自荐候选人;候选人与村民见面,介绍履职设想,回答村民问题;无记名投票选举,当众唱票、计票、公布选举结果。当选者任期三年,到届重新选举,继续当选可以连任,没再当选,自然下台。经过多年尝试,现已比较成熟。当然,也有一些负面看法,最多的说法就是民选期间贿选现象比较严重,贿选的形式主要是请选民吃饭、给选民送钱。对此,笔者的看法是:村主任由村民直接选举是我国自古以来从没有过的大事情,而且是在村民这个被视为素质最低、最没有条件实行民主选举的数量庞大的人群中进行,意义特别重大。至于贿选,贿选民比贿官员要好,而且阳光下贿选民要比暗地里贿官员要好。当然,无论是阳光下贿选民,还是暗地里贿官员都是错误的,需要制度的进一步完善。但是,贿选民证明选民有了真正的民主权利。

由此,我们也看到了我国民主建设的前景,因为村主任都能够直接选举,难道乡长、镇长就不能够直接选举吗?县长、市长就不能够直接选举吗?

纵观全球,建设民主和法治社会是大势所趋。民主和法治社会的根本标志就是公民权利到位。公民最基本的权利就是选举权和被选举权。公民权利到位体现在吏治上就是民选官、民管官。民选官、民管官可以说好处多多,最起码有两点:其一,可以最大限度地实现能者上、庸者下。参选者首先就要衡量一下自己是否有这个能力,他要拿出施政纲领,要在选民面前公开亮相、演说、拉票,没有能力是不敢参选的,且当选后如果表现平平,或者不能尽职尽责,选民同样会把他拉下来。其二,可以最大限度地反腐倡廉。有问题的人一般来说是不敢报名参加选举的,因为在众目睽睽之下,他的问题总有人会知道,从源头上可以避免带"病"提拔,而且当选后行使公权时,还有日常监督、民调跟踪、媒体曝光等机制,贪污腐败现象会最大限度地得到遏制。

回顾人类社会的历史,在驾驭社会的权力上大体经历了三个阶段。一是神权,古人因对诸多自然现象无法理解,便将其神话,形成神权,执政者借助神权统治社会,比较典型的如中世纪的欧洲的政教合一。二是帝权,皇帝至高无上,中央集权,在中国延续了2000多年。三是民权,就是公民有选举权和被选举权,即公民社会。从英国开始已有300多年历史,美国也有200多年的历史。民权也不是从一开始所有公民都有的。美国黑人直至20世纪60年代经过长期的民权运动胜利之后,才有了选举权和被选举权,直到现在有了黑人总统——奥巴马;美国妇女的选举权和被选举权,也是经过反复斗争才争取到的,从1848年到1920年经过一波又一波的妇女选举权运动,美国国会才颁布了《宪法修正案》[第19条(1920)],规定公民的选举权不得因性别而被否认或剥夺,由此保障了妇女享有男女平等的选举权。

有人说,中国文化有着根深蒂固的"官本位""臣民"思想,难以实现民权到位的民主社会。笔者认为,这种说法是根本站不住脚的,它早已被社会实践所驳斥了。日本文化可以说就是吸收了中国文化,他们通过明治维新,嫁接了民主法治制度;韩国也是吸收了中国文化,他们的国旗还取自我们的阴阳八卦图,自从实行民主法治制度以来，同样创造了奇迹。还有人说，我们实行公民民主社会，公民的素质不够，这同样站不住脚。美国实行公民民主社会时，他们并不是现在的公民素质水平，那时他们的公民素质并不高，而且他们的公民来自世界各地，是个移民国，穷人、没文化的人很多。况且，我们的公民民主选举恰恰是在被认为素质最低的村民群体中首先实行的，不是已经实行多年了吗？有什么不行的呢？

写于 2013 年 1 月

第四十七谈

感悟领导者

领导者,顾名思义就是从事引领和导向工作的人。俗话说得好,人无头不走,鸟无头不飞。领导者就是率领人们前进的人。

领导者最主要的职责是抓两件事:一是抓大事,二是抓人事。所谓抓大事的能力,就是对你所领导的事和人,有敏锐的洞察力,站得高、看得远、悟得深,“春江水暖鸭先知”;能够抓核心、抓本质、抓要害,牵一发而动全身。所谓抓人事的能力,就是对你需要的人和被你领导的人的人品、能力、性格有比较准确的把握,把他们放在适合的岗位,授予他们适合的职责和权限;同时,还要能够培养他们,提升他们,使他们不断前进,适应工作,创造性工作。领导者大事要精明,小事要糊涂;人事上大事要精明,小事要模糊。

当然,领导者由于所领导的组织大小不同,领导层次、职位高低不同,思考问题、处理问题、实施领导的角度肯定不同,但是抓大事、抓人事的道理是相同的。不管你是总领导还是副领导,不管你是核心领导还是部门领导,不会抓大事、抓人事的领导,不可能成为好的领导,不可能成为有作为的领导。

领导者的工作好坏,其实并不难评价,标准也很简单,就是在你的领导下,大家是否感觉干事顺当、干事顺心,有才能否用得上、有劲能否使得出,而且能够“不拘一格用人才”。

领导者抓大事、抓人事的方式方法可以千差万别、多种多样,但是有一点是必须的,那就是建立和不断完善科学的运行制度。领导者再高明,直接领导几个人、十几个人、几十个人还可以,而要领导几百或者成千上万的事,情况就不同了。要想让组织有效运转,不管组织的规模有多大、分布有多广、人力有多少,唯有建立和不断完善科学的制度。制度是否科学,衡量的标准就是使人既有压力又有动力,既有积极性又有创造性,使其"不用扬鞭自奋蹄"。

领导者既要重视制度,更要重视思想,即文化,或者说核心价值观。它是潜移默化、"润物细无声"地渗透到被领导者骨子里的精神血液。因为人是高级动物,他需要有思想、有精神。

领导者需要有领导能力,更需要有领导艺术。领导能力是通过不断学习、实践、积累得来的;而领导艺术不仅需要学习、实践、积累,更需要悟性。有的人学问很大、经历很多,但却成为不了好的领导者,而有的人学问不大、经历有限,却能成为好的领导者,这就是悟性或者说是天赋使然。当然,更多的高水平的领导者,还是那些既有丰富知识又有丰富阅历的人。

写于2011年12月

第四十八谈

关系社会与潜规则

严格地说,当下的中国是关系社会,还不是法治社会,与此相对应的社会运行往往是潜规则,而不是明规则。对此,大家应该说是心照不宣的。在中国,一个人从生到死要想混得好一点,可以说,处处都离不开关系、离不开潜规则。你看,出生要找个好医院,生病要找个好医生,上学要找个好学校,工作要找个好单位,提拔要找找领导,甚至进火葬场还要走走后门,如果遇到灾祸,那就更得找关系、潜规则了。长此以往,整个社会也就约定俗成、习以为常了:只要办事,就得找关系,潜规则。

不找关系,不潜规则,行不行呢? 还真不行。事实往往就活生生地摆在你面前,使你眼睁睁地看着曾经是你的亲朋好友、同学同事,人品、能力不如你,通过找关系、潜规则,混得比你好得多;而你不找关系、不潜规则,好事几乎与你无缘,使你不得不信服,以致后悔莫及。反过来,又倒逼着或影响着更多的人加入关系社会、潜规则行列,如此循环往复,关系社会、潜规则就形成了。更可怕的是,不找关系,不潜规则,不仅在社会上吃不开,还会被一些人耻笑,视为无能、迂腐。

关系社会、潜规则使中国人活得很累。因为网络关系、维护关系需要大量时间和成本,同时,潜规则只能意会不能言传,使人有时"丈二和尚摸不着头脑",不得不动心思琢磨,所以,既劳力又劳心。关系社会、潜规则的存在使人们信用缺失、社会扭曲。因为按照正常渠道和明规则往往办不成事，找关系、潜规则却畅通无阻，等于是说一套、做一套，人们就不信正途、信歪道了；而歪道总是见不得阳光的，有些事要办成，就得造假，那“假作真时真亦假”啊！结果真的人们也不信了。普通人正常的事如果通过正常的途径办成了，人们也不信；有权人想当个清官、做个好官，不曾找关系、不潜规则，人们也不信。原因很简单，社会盛行找关系，盛行潜规则，大家都这样，就你不这样，不可能。而关系社会、潜规则造成的铺张浪费、社会不公，导致的社会不满情绪，进而影响安定团结就不言而喻了。

关系社会、潜规则还形成好多怪现象。比如到一些企业，老板办公室或走廊的醒目位置总是挂着与领导合影或领导题字，这除了面子需要外，更重要的是表明我们有关系、有靠山。还有，谈天说地时，你总会听到一些人自觉不自觉地谈起他和某某领导如何如何，似有“拉大旗做虎皮”的韵味。关系社会、潜规则还形成了一些职业操盘手乃至关系骗子。有些关系需求者想潜规则但没有门路，而有些关系供给者想提供门路却找不到需求者，这种信息不对称，就是职业操盘手的用武之地，他们牵线搭桥，满足双方需要，从中谋取利益。由此，还诞生了一些关系骗子，什么某领导的外甥、侄子等等，屡屡得手，不时见诸媒体。

为什么会形成关系社会、潜规则呢？根本原因在于社会资源配置没有市场化，被大量掌握在大大小小的“公权力”手里，而“公权力”配置资源不公开、不透明，暗箱操作，必然形成关系社会、潜规则。社会资源，特别是优质社会资源是有限的，是难以满足人们需要的，这就形成了供需矛盾，这种矛盾，只要不能做到物质极大丰富，进而“按需分配”，在任何社会中都是存在的，人们对此是明白的。人们要追求的并不是“按需分配”，而是配置公平。而关系社会、潜规则最大的问题就是不公平，不能给予每个人公平的机会。

当今社会的理想状态应该是法治社会、明规则运行。这就需要社会资源配置应以市场为主导,公权力运行公开透明。说穿了,邓小平推行的改革开放就是要实现这样的目标。30多年来进步很大,阻力也很大,很多是说得多做得少,甚至时有倒退。“十八大”以后,新的中央领导集体正在以壮士断腕的决心和勇气大力推进改革开放,或者叫“新政”。概括起来就是,政府放权、民间跟进、打破垄断、平等竞争。我们期待着成功,使中国真正走上法治社会和明规则运行的轨道,把关系社会、潜规则扔进历史的垃圾堆,使中国人能够在中国大地上轻轻松松地活着!

写于2013年10月

第四十九谈

不要走两个极端

回顾一下我们的历史，两个极端的事情还真不少。

首先说说人口问题。我们曾经奉行人定胜天的思想，世间一切事物，只要有了人，什么人间奇迹都可以创造出来。所以，错批了马寅初的人口论，无节制地生育，一对夫妇生五六个当属平常，八九个不在少数，十个以上并非个别。结果是人口迅猛增长，从1949年不足四亿到1979年超过十亿。加之计划经济体制效率低、效益差，供给和需求形成了尖锐矛盾，衣食住行用全面短缺，对自然生态造成了极大压力。而后，不得不走上另一个极端，强力推行一孩化，千方百计控制人口增长，1979年到2009年的30年里，在前30年庞大人口基数的前提下，把人口控制在13亿，可谓成绩斐然。但由此带来的问题也不少，比如一个家庭一个孩子，缺乏同代家庭子女竞争的成长环境，父亲、母亲、爷爷、奶奶、姥爷、姥姥众星捧月，娇生惯养；一旦这个孩子出现意外，又过了生育年龄，全家集体失独，寂寞、孤独、悔恨时时伴随，余生难熬。就整个社会来说，当兵打仗、抗灾排险、人力资源等等都会遇到障碍。

其次说说教育问题。我们的教育在“文化大革命”时期曾一度瘫痪10年。而从1977年恢复高考后，教育又走上了另一个极端，即不顾一切地灌知识。学生起早贪黑，节假日很少休息，从小就背上沉重的负担，扼杀了孩子的童心童趣，扼杀了学生的兴趣爱好，一个模式灌知识,按考试分数排名次。学校教师上课灌、补课灌,家长还要加码灌,生怕孩子输在起跑线上。岂不知,如此做法,本身开始就输在了起跑线上,因为对人的教育应该是体力、智力、心力的统一,即三位一体。一味地灌知识、提智力,而体力、心力不支,知识又有什么用,又怎么能用得上?况且,信息化社会,知识会源源不断地生产出来,更新的速度特别快,学校教的东西再多,也无法穷尽。科学的教育应该是提供给学生完整的知识体系、获取知识的能力,能够做到终身学习。

再次说说收入差距。计划经济时期的收入是平均主义、大锅饭,人头工资、年头工资,收入上基本上没什么差别,表面上很平均、很平等,实际上掩盖着极大的不平等,因为把水平高的人、创造力强的人、勤劳肯干的人给扼杀了,剥夺了他们应多得的收入。长此以往,整个劳动人群将缺乏积极性和创造性,人无压力、无动力,干好干坏一个样,干多干少一个样,干与不干一个样。结果是投入高、产出低,什么都短缺,即使较低层次的供给也都得凭票供应。而向市场经济过渡时期,特别是近十年,迅速出现两极分化,速度之快、差距之大是前所未有的,其成因主要包括:垄断行业随意给自己定收入,与非垄断行业、利润率低的行业迅速拉开差距;上市公司过度圈钱,随意给自己定收入,与非上市公司迅速拉开差距;涉矿涉房企业借助市场旺盛需求获得暴利,与非涉矿涉房单位迅速拉开差距;各种炒房、炒矿、炒股、炒汇、炒期货等少数人所获暴利;更有甚者公权力过度,贪腐盛行所获取的灰色收入,更是难以估算;还有公务员,特别是有权单位公务员,事业单位、垄断企业人员低价获得多套房产,波及面也很大,这些都是普通百姓所望尘莫及的。

之所以出现诸多两个极端问题,笔者分析原因有三点。第一,有些工作的指导思想不科学。缺乏对人类社会历史和现实的科学认识,缺乏对近现代人类社会形成的诸多优秀政治、经济、文化成果的研究、吸收和应用。即使我们学着辩证法,批着形而上学,但行动上则行了形而上学、反了辩证法。第二，制度上不科学。长时间实行计划经济制度，向市场经济制度过渡中没有及时控制垄断，我们的财政税收制度基本上沿用了计划经济时期的东西，缺乏有效调节，特别是没有及时地跟进政治体制改革，没有把公权力装进科学制度的笼子里。第三，监督体系和机构很多，成本也很高，但大多形同虚设，难以起到监督制约作用。

写于 2012 年 6 月

第五十谈

吃喝之风为何盛行

吃喝是人的最基本需要，人只有吃喝才能维系生命，才能保持体力和脑力，从事劳动和学习，才能繁衍后代、生生不息。

作为高级动物，人吃喝除了用于满足基本需求外，还有口福之感、享受之用，由此也就形成了饮食文化。人们可以做出各种各样好吃好喝的东西，在这方面，中国当属世界之最，可以说，中国人把吃喝做到了极致，所以中餐馆能够开到世界各地、各个角落。

不仅如此，吃喝在中国还有更重要的妙用，且只可意会不可言传，那就是吃喝可以定成败，可以摆平事，可以彰显权力地位，可以表现金钱财富，可以拉关系、走后门等等。这种“衍生”自古有之，比如项羽的鸿门宴、赵匡胤的杯酒释兵权。但当今的“衍生”，古人与之相比，真可谓小巫见大巫了。当今无论是“衍生”的深度和广度都是有过之而无不及，从官场到商场再到民间，可以说是广无边际、深无尺度。各种会议要吃喝，各种审批要吃喝，各种检查要吃喝，各种评比要吃喝，各种找门路、跑关系要吃喝，各种消灾摆平要吃喝，各种喜事要吃喝，甚至丧事也要吃喝。这里所说的吃喝可不是日常生活、生存需要的吃喝，而是大吃大喝，且这种大吃大喝多年来十分盛行，屡禁不止，愈演愈烈。

这就要研究一下为什么了。首先，公款消费大吃大喝。公款不是谁家的钱，是大家的钱，花大家的钱，办私人的事，满足了个人的面子,提升了个人的地位,何乐而不为呢?不花白不花,傻瓜才不花。其根源是公款没有得到有效监督,制度形同虚设。其次,商家请公权人办事大吃大喝。要给足面子,要高档消费,虽然花一些钱,但相比办成事后的预期利益,只是小菜一碟,舍不得孩子套不住狼嘛!其根源是公权力掌握的资源太多,权力过分集中,又缺乏有效制衡。再次,民间跟风大吃大喝。民间办生日宴、结婚宴、升学宴、升官宴、发财宴等等,你来我往,互相随礼,很多是打肿脸充胖子、死要面子活受罪,结果形成了人情债、人情链,最后谁也没得到好处,都把钱扔到饭店了。其根源有国人要面子、重人情之源,也有官风带民风之嫌。当然,也确有少数人实在钱多,就需要摆这个谱、要这个面子,不差钱嘛!那就另当别论了。还有,中国是关系社会,不是法治社会,潜规则盛行,官场、商场、民间都需要拉关系、走后门,请客送礼自然就成了最通行的做法。

大吃大喝,要是都吃了喝了也算罢了,可很多是吃不了、喝不了,倒掉了、扔掉了,这就太可惜、太可恶、太可耻了。因为任何吃喝用材都源于大自然的给予,过度向大自然索取已不断在受到大自然的惩罚;任何吃喝用材都源于劳动成果,过度消费就是对劳动者的蔑视,况且我们还有很多同胞吃不饱饭、吃不好饭,这于心何忍呢?

从这个意义上说,贪污受贿是极大的犯罪,大吃大喝、倒掉扔掉则是更大的犯罪。贪污受贿、聚敛财富,当代用不完,还可以子孙用;而大吃大喝、倒掉扔掉,是浪费当代危害子孙。有人说,我自己的钱,想怎么花就怎么花,我就要大吃大喝、倒掉扔掉,要的就是这个劲、这个面子,你们管得着吗!我说,还非管不可,因为钱是你的,但资源是大家的,是子子孙孙的,你断大家的路,断子孙的路就不行。所以说,无论是公款还是私款,只要是浪费了,倒掉扔掉了,全社会就应该说不,就应该严惩不贷。

说起大吃大喝成风、盛行,除上述所述原因,还有一个重要原因就是用餐制度和习惯。我们的用餐制度和习惯,大多是桌餐,而非分餐。这种用餐热闹、和气，但容易产生浪费，因为这种用餐不能准确预知大家能吃多少。国人要面子，吃光了，觉得小气、没面子；剩下了才觉得大气、有面子，那就宁多勿少，多多益善吧！而分餐就不一样，吃多少拿多少，制度上不允许剩，剩下了反倒没面子。可见，制度很重要，同样要面子，不同的制度也会产生不同结果。

那么，怎样刹住大吃大喝之风呢？笔者认为，根本的还得靠制度解决问题，首先要大力推行分餐制度。要先从官场做起，凡公款用餐均要实行分餐制，从上到下强力推行，官风带民风，逐步就会形成全民的分餐制度，既节约又卫生，还避免疾病交叉感染，有益全民健康，何乐而不为呢！其次，取消吃喝报销制度。无论是官方还是商家，均按不同级别给予用餐接待补贴，按月随工资发放，遇有吃喝接待自掏腰包，不允许再有任何形式的吃喝报销行为。再次，严厉惩戒吃喝浪费。凡吃喝剩下倒掉扔掉的一律处罚，按所剩饭菜酒水折价给予5—10倍的罚款，无论公款还是私款，一律处罚。

写于2012年8月

第五十一谈

当务之急是打破公务员大锅饭和铁饭碗

改革开放前的传统体制,在用人制度上最突出的问题就是“大锅饭”“铁饭碗”,干好干坏一个样、干多干少一个样、干与不干一个样,结果是人无压力、无动力,缺乏积极性和创造性,投入高、产出低、效益差。改革开放后,农村率先打破了“大锅饭”,实行家庭联产承包责任制,迅速解决了农副产品短缺问题。随后,城市企业打破“大锅饭”“铁饭碗”,公企改制,下岗再就业,若干非公企业诞生,迅速解决了工业产品短缺问题。近年来,事业单位打破“大锅饭”“铁饭碗”,实行全员聘用制,服务水平得到了较大提高。现唯有国家公务人员依然在吃着“大锅饭”,端着“铁饭碗”,所以行政效率不高、责任心不强、公众不够满意。何以见得?

首先,从公务人员的进出情况看,各级各类国家机关几乎每年都有公务人员招进,有时数量还很大,但淘汰出局的却很少听到。公众看到的也只是正常退休而已,还有就是年龄 50、55、58 周岁的“一刀切”,批量“二线”,让出实权,职级不变,待遇不变。随后再提拔一批实权干部,各级各类国家机关几乎都这么做。即使受到处分的领导干部,也很快会东山再起,或异地做官或异部门做官,似乎偌大个国家离开了某人就不行了似的。

其次,从公务人员的工作状态看,“大锅饭”“铁饭碗”体制里面的公务人员在一些单位可以称为“三个1/3”,即1/3人员很忙、很累,他们每天都有干不完的活,甚至还得加班加点干活。这类人上进、自觉,不管在什么体制下他们都会积极肯干,任劳任怨。还有1/3人员工作一般,大活做不了,小活努力做。这类人能力不大,态度还好,有了不算多余,没有也不算缺手。另有1/3人员干脆是不干事、干不了事。这里面有的人三天打鱼两天晒网、不好好上班;有的人根本就不上班、吃空饷;还有的人不干事却制造麻烦事,什么好事都想有份,得不到就闹。这类人是“大锅饭”“铁饭碗”体制导致的,也是“大锅饭”“铁饭碗”体制的最大受益者,他们依仗着是国家人、公家人,没人惹,也没人想惹。因为大家都是在这种体制下生存,低头不见抬头见,拿的是公家的钱,何必过不去呢!

再次,从公务人员工作成效看,可以说很多地方、很多事情不尽如人意。比如市场监管,部门很多,各级都有,人也不少,可各种假冒伪劣商品不断涌入市场,特别是食品药品问题不断被媒体揭露出来,以致国产奶粉国民不敢用,千方百计购买国外货,搞得香港不得不出台强力管制措施。而揭露出来的假冒伪劣商品往往都是媒体先曝光、监管后跟进,很少监管先行、媒体跟进的情况。为什么呢?显然是体制不同所致。媒体记者没有“大锅饭”可吃,没有“铁饭碗”可端,他们得靠业绩吃饭,嗅觉自然灵敏,加之党中央、国务院鼓励倡导舆论监督,也给予了媒体很大支持。监管部门就不同了,他们吃的是“大锅饭”,端的是“铁饭碗”,作为不作为无所谓,职照在、官照当、钱照拿。不仅如此,有些人不仅不作为,而且还乱作为。正如社会上所说的“没有好处不作为,有了好处乱作为”。比较典型的事例,如“地沟油”治理多年就是治不住,因为很难从中拿到好处;公路“三乱”治理多年也是治不了,因为好处太容易拿了。当然,这是另一个层面的事情,涉及深化改革、制约公权的问题了。

上述种种表现,有的领导也曾公开痛批过。2012年12月25日,时任湖南省委书记的周强在湖南省委经济工作会议上就激愤地说："有些部门、有些干部过去是要有好处才办事，现在就是拿了好处也不办事，喝完了酒、吃完了饭、泡完了脚，屁股一拍就走人，什么事也不办，什么事情也不帮企业解决！"内蒙古自治区党委常委、呼和浩特市委书记那顺孟和，2013年2月25日在市委、市政府召开的全市"机关作风建设年"动员大会上也明确指出，目前一些干部身上存在着"懒、散、贪、庸、旧、飘、冷、软、奢"九大毛病。

"大锅饭""铁饭碗"体制危害极大，既害人，又误国。在"大锅饭""铁饭碗"体制下，无论什么事情什么人群，还是什么地方什么国家，都不会有好的结果。想当年，我们的饭店、商店、理发店，这些比较简单的事情都做不好，政府经常发文件、开会抓服务也解决不了问题；如今，饭店、商店、美容美发店到处都是，不用扬鞭自奋蹄，做得可好了。想当年，城市人不行，在企业里有好多人混日子，工业品短缺；农村人也不行，在生产队里有好多人混日子，农产品短缺。想当年，中国人不行，外国人也不行。可以说，苏联和东欧国家就是一直实行"大锅饭""铁饭碗"体制，没有及时进行体制改革才使政权垮掉的。笔者敢说，美国人也不行，要想使美国垮掉，就让其国人实行"大锅饭""铁饭碗"体制，用不了30年肯定垮下来。

为什么"大锅饭""铁饭碗"体制就不行呢？因为它违背了人的优胜劣汰规律，是人性使然。用人是有规律可循的，那就是优胜劣汰规律。人性是双重的，既有进取的一面，也有消极的一面；既有勤奋的一面，也有懒惰的一面。如此，在用人制度上必须遵循优胜劣汰规律，能够激发人们的进取心、勤奋劲，而不能好赖不分、是非混淆，使人无尽地释放惰性。在"大锅饭""铁饭碗"体制下，优的不见得胜出，劣的不能淘汰，我们会看到有些人整天饱食终日、无所用心，自己也不知道能干点儿啥；还有些人有潜力、有能力，却一事无成、碌碌无为。这就形成了反激励，长此以往，会大量出"懒汉"、出"笨蛋"，必然导致工作效率低、质量差，最后都得混趴下。

打破“大锅饭”“铁饭碗”，就是要建立起用人能进能出，职务能上能下，收入能高能低的体制，形成正激励、高效率、人心顺、人才出、服务强的国家各级行政机关工作局面。

写于2013年4月

第五十二谈

是与非

世界上总有是与非的。“是”就是事物的本来面目，是真相、是规律、是本质；“非”则是与“是”相反的内容。既然世界上有是非，人就要有正确的是非观。所谓正确的是非观，即“是”就是“是”，“非”就是“非”，是非分明；而不能把“是”当成“非”，把“非”当成“是”，是非颠倒。

可自古以来，总有一些人干是非颠倒的事。这些人大概有三类，第一类是是非不明，可谓糊涂人；第二类是迫于压力，揣着明白装糊涂，当属无奈；第三类是明知是非，却有意颠倒。这第三类人就是孔子说的小人，民间说的坏人了！小人和坏人对人对事往往不顾客观事实，随心所欲。他们以个人私利、个人好恶论是非，以权力大小、金钱多少论是非。他们可以墙头草随风倒，有奶便是娘，甚至编造谎言，制造假象，造谣中伤。他们不管事物的规律、本质、真相，为了达到不可告人的目的，可以不择手段。可以说，君子和好人、小人和坏人是相伴而生、相伴而行的，这也是客观规律。有君子、好人，就会有小人、坏人，不要指望世界上都是君子和好人，没有小人和坏人。

与小人和坏人打交道很难，难就难在难识别。因为谁也不认为自己是小人和坏人，且都说自己是君子和好人。很多时候，君子和好人往往还容易上小人和坏人的当，因为小人和坏人会伪装、会算计、会提前设套，而君子和好人不想这些，不会这些。特别是那些有能力的小人和坏人,更难识别,因为他们更会伪装、更会算计、更会设套。笔者的体会是,与小人和坏人打交道难,与有能力的小人和坏人打交道更难。小人和坏人干的坏事,很多当时是看不出来的,甚至还跟着跑,过后才知道问题严重;有些短时间是看不出来的,放在历史长河中才能看得清。

防止小人和坏人,有赖于君子和好人,更有赖于科学的社会制度。因为只有科学的社会制度,才能使君子和好人成为社会主导,充分发挥作用;才能把小人和坏人装进制度的笼子里,压缩他们的活动空间。在这个重大问题上,中国一直没有解决好,总是跳不出两大周期律。一个是《三国演义》开宗明义揭示的"话说天下大势,分久必合,合久必分",讲的是国家的统一和分裂问题;另一个就是黄炎培先生提出的"历史周期律",说的是政权更替和改朝换代问题。历朝历代无不希望江山永固,但结果却是改朝换代成千古定律。从夏商周,到秦汉唐宋元明清,无论哪个朝代哪个政权,都没能跳出这个周期律。纵观中国历史这个周期律,有一个共同点,就是每当改朝换代、政权更替即将来临之际,正是小人当权、坏人横行、贤良受害之时,结果就是腐败盛行、民不聊生、揭竿而起,一个政权推翻一个政权。可悲的是每次改朝换代都是换汤不换药,制度复制,周而复始,小人和坏人大有用武之地。我们渴望通过当今的改革开放能够解决这个重大问题,实现伟大的中国梦。

写于2013年10月

第五十三谈

主人与仆人

我们党历来主张人民群众是国家的主人，领导干部是人民的公仆。按理说，人们都应该积极做主人，而害怕做仆人，可实际情况则是大家都想做仆人，每年的公务员国考、省考热就是例证，还有跑官要官、买官卖官的屡禁不止、层出不穷，而工人和农民作为人民群众的主体却很少有人主动当的。这个问题看起来是不可思议的悖论，但其实又非常简单，就是在实际生活中人们感受到的领导干部是主人，人民群众是仆人，主仆颠倒了。

此类现象很多，诸如衙门作风，门难进，脸难看，事难办；审批多，这也批，那也批，不请不送不给批；豪华楼堂馆所住着，大办公室用着；大吃大喝，公车私用，游山玩水；打着各种为民旗号跑部"钱"进，层层截留，挪作他用；办事拖拉，互相推诿、扯皮；官官相护，互相安排子女，互相提拔子女，肥水不流外人田；领导干部出行前呼后拥，乃至警车开道；有些领导干部太太不上班、吃空饷，子女工作随便挑，要么出国留学、定居、全家移民；而主人被仆人随便做主的事更是举不胜举，更有甚者还时常听到仆人大骂"老百姓给脸不要脸"。

为什么会出现主仆颠倒的情况呢？我认为有三点最为关键。一是人民的权利不到位。主要还是官选官、官管官，没有实现民选官、民管官，或者是能够将二者有机结合起来，使得领导干部总是眼睛向上而不向下。二是领导干部的权力越位。没有把权力装进制度的笼子里，权力自由活动空间太大，使得领导干部总是能够上有政策下有对策。三是没有形成优胜劣汰机制。干多干少一个样、干与不干一个样、干好干坏一个样、干对干错一个样，使得领导干部盲目乱干，庸懒散混的情况屡见不鲜。

主仆颠倒的情况已经是长时间存在了，有些领导干部已经习以为常、司空见惯、麻木不仁，甚至认为理当如此，却不知危害之严重，危险之厉害，因为它积累着人民群众的不满情绪，降低着领导干部的公信力，危害着党的执政根基，影响着国家的长治久安。

正因为如此，以习近平为总书记的党中央才出重拳、动真格、下大力、采取果断措施进行治理。从出台八项规定，到群众路线教育，再到诸多简政放权。特别是党的十八届三中全会《关于全面深化改革若干重大问题的决定》更是鼓舞人心，从经济体制、政治体制、文化体制、社会体制、生态文明体制和党的建设制度进行了全面深化改革的顶层设计。我们有理由相信，人民群众当家做主一定会到位，领导干部的权力一定会装进制度的笼子里，形式主义、官僚主义、享乐主义和奢靡之风一定会刹住，中华民族伟大复兴的“中国梦”一定会实现。

写于 2013 年 12 月

第五十四谈

个人与组织

一个人终生都伴随着组织。出生伴随着家庭，上学伴随着学校，工作伴随着单位，退休伴随着社区。即使自己创业、个体经营也不能不与社会上诸多组织打交道。可以说，组织无时不在、无处不有。

人是需要有组织的。有组织才能将个人组织起来、团结起来、凝聚起来，从而形成组织力量。

人是社会人，社会是由各种各样的组织构成的。有经济组织、政治组织、社会组织；有盈利组织和非盈利组织；有国内组织和国际组织等。

组织有好有坏。恐怖组织、黑社会组织、传销组织就是坏组织。所以，个人加入组织需要谨慎地抉择，不能犯糊涂，以免一失足则成千古恨啊！

写于 2010 年 2 月

第五十五谈

社团组织在市场经济法治社会中的独特作用

社团组织是什么呢?社团组织源于社会组织,是社会组织的主要组成部分。社会组织有三类:一是社团组织,属会员制的社会组织,特点是以会员为组织基础,协会、商会、学会是主要形式;二是基金会,属非会员制社会组织,是基于捐赠的公益财产以基金形态存续并得到相应的法律认可和保护的社会组织;三是民办非企业单位,属非会员制社会组织,是指企业事业单位、社会团体和其他社会力量以及公民个人,通过利用非国有资产举办的从事非营利性社会服务活动的社会组织。

社团组织的架构一般由会员代表大会、理事会、常务理事会组成,领导成员一般由会长、副会长、秘书长组成。日常工作由秘书处负责办理,秘书长主持日常工作。社团组织的运行规则是民主协商机制,一般实行两个2/3议事原则,即无论是会员代表大会、理事会,还是常务理事会,2/3人员到会,会议方可有效;2/3的到会人员同意,决议方可有效。这些都在章程中有规定,章程就是社团组织的法,一切依章程而行。社团组织,就是要办会员想办而单一会员办不了的事。社团组织要成为会员之家,成为会员愿意说实话、能够办实事的场所。社团组织要办得让会员爱、让会员敬,不能办得让会员怕、让会员躲。协会、商会一般都承担着行业自律的职责，自律实行的是民主协商机制，由会员共同制定规则公约、共同实施检查、共同研究惩戒。

为什么要有社团组织呢？

第一，人是需要有组织的。我们每个人，既是自然人，也是社会人。作为社会人，我们处于各种各样的组织之中，我们的学习、工作、生产、生活也需要各种各样的组织。组织起来才有力量，组织起来才能抵御各种风险、获取更大的效益。在一个市场经济、民主法治社会，组织通常有三类。第一类是政府组织。政府组织的基本职能是对社会公共事务进行组织和管理，向全体公民提供服务。政府组织是国家行使立法、司法、行政权力的机构，它所制定的一切法律、规定、命令，凡所涉及的管理对象都必须遵守，如若违反，即可运用法律和政纪对其进行制裁和惩戒；在宪法和法律的范围内，在政府组织的权力范围内，不允许其他任何组织、团体和个人与之抗衡。政府组织具有利用国家机器强制服从的权威性。第二类是社会组织（如前所述）。第三类是商事组织。一切从事商事活动的企业、事业单位都属于这类组织。该类组织数量最多、领域最广。此外，还有国际组织。“二战”以后全世界建立了一些国际性组织，均是人类社会和平发展的需要，诸如联合国、世界贸易组织、国际货币基金组织、世界卫生组织等。

第二，国家治理体系和治理能力现代化的需要。国家治理体系和治理能力现代化核心是民权法治。主要体现是严管公权力，放宽民权力，全面依法治国。政府与社会的趋向是小政府、大社会，政府在后台，社团组织在前台，服务于企业和公民大舞台。行业上需要社团组织行业自律和服务，社区里需要社团组织社区自治和服务。世界上发达国家和地区无不都是社团组织发达的国家和地区，它们渗透在各行各业、各个社区，联系着商事、民事和政府，是政府和社会的桥梁和纽带。可以说，发达国家中的社团组织在政府和社会之间发挥着防火墙和缓冲带的作用。不像我们什么都是政府直接操刀，各种矛盾都集中在政府身上，缺乏缓冲地带，容易使政府和社会形成直接冲突。

第三,全面建设社会主义市场经济制度的需要。市场经济首先是竞争经济,同一行业、同一区域要有多家市场主体竞争,才能实现资源配置优化和更高的使用效率。市场经济同时也是法治经济,多家市场主体竞争需要公平有序,既不能垄断经营,也不能恶性竞争。由此,在政府与市场之间就需要有社团组织充当桥梁和纽带,从事自律和服务。

社团组织的改革和发展方向是怎样的呢?2015 年 7 月 8 日,中共中央办公厅、国务院办公厅印发的《行业协会商会与行政机关脱钩总体方案》中进行了明确说明,归结起来主要是两个方面。首先,彻底脱钩,去行政化、去官员化。过去,我们国家的社团组织与行政机关是挂钩的,各行各业的社团组织都有各自的主管部门。有的不仅是主管,而且是主办,人财物都不脱钩。这就形成了一个突出问题,一方面许多社团组织习惯于依靠行政主管部门开展工作,行政色彩浓厚,被誉为“二政府”;另一方面又难以放开手脚开展工作,缺乏自主性,难以形成行业的代表性和影响力。所以,要进行全面脱钩,包括机构脱钩,职能脱钩,资产财务脱钩,人员管理脱钩,党建、外事等事项脱钩。但是,脱钩不是脱管,要由主管变为监管:一是主管部门监管,二是登记机关监管,三是加强党的领导,四是全面依法监管。其次,重新定位,社会化、市场化。重新定位,就是要厘清政府、市场、社会关系,使社团组织成为依法设立、自主办会、服务为本、治理规范、行为自律的社会组织。要在经济社会发展中,起到衔接宏观和微观的作用;在政府宏观经济管理和企业微观经济运行中间“上挂下联”,犹如“传送带”和“分流器”。能做企业想要做,单个企业做不到的事;能做市场需要做,却又无人牵头做的事;能做政府想要做,却无精力做的事。在政府购买服务,行业标准制定,科研技术成果鉴定、评选,优秀人才推介,行业信息平台建设,技能比武竞赛等方面,社团组织都可以大有作为。

写于 2015 年 10 月

第五十六谈

人学是人性和制度之学问

作为社会人，在社会上生存、发展、从事各种活动，应该对社会、对人（包括自己）有个比较清醒的认知，以增强适应性，减少盲目性。

古今中外对人和人类社会有诸多了不起的相关研究，产生了诸多伟大的哲学思想。从古希腊的苏格拉底、柏拉图、亚里士多德，到约翰·洛克、伏尔泰，再到马克思、恩格斯；从中国的先秦诸子如老子、孔子、孟子、庄子、荀子、韩非子，到朱熹、王阳明，再到孙中山、毛泽东。他们的哲学思想各异，但都首先揭示了人的本性，即人作为社会人究竟是性本善，还是性本恶；是性本公，还是性本私。依据不同的哲学思想，会产生不同的社会制度，即人治，还是法治；是计划经济，还是市场经济。中国自西汉实行"罢黜百家，独尊儒术"以来，一直是儒家思想占主导地位，那就是性本善。传统的启蒙教育读本《三字经》开头讲的就是"人之初，性本善"。推翻清王朝，经过几十年战争后，我们走上社会主义道路，改革开放前只能是性本公。西方的主流哲学思想是性本恶，古罗马时期就出现了《公民法》《万民法》，拿破仑时代有了《民法》，后来走上了现在的三权鼎立、民选官、民管官、废除终身制的民主法治路子，经济上走上了市场经济的路子。

不同的社会制度，包括企业制度，会使人产生不同的行为，导致不同的社会结果。都是社会主义道路，改革开放前的社会主义和改革开放后的社会主义，人们的行为和社会结果截然不同。改革开放前，消灭私有、大公无私，政治、经济运动一个接一个，社会万马齐喑，物质极其匮乏；改革开放后，认可私、调动私、引导私，社会丰富多彩，物质极大丰富。

制度很重要，正如邓小平讲的，好的制度可以使坏人变好人，不好的制度可以使好人变坏人。好制度应该是能够使人才得到充分使用，且能够源源不断地培育出人才，做到人尽其才，物尽其用。相反，鱼目混珠、是非混淆、人心不顺，肯定是制度上有问题，就需要改革。

好的制度还需要有人才去驾驭。人才，特别是高才，是稀缺资源。人才有高、中、低之分，高才是少数，中才居多，太差的人也是少数，这就像人的外表一样，人们都追求漂亮，可长得漂亮的人总是少数，长得一般的人居多，长得太差的人也是少数。不论从现实的横向看，还是从历史的纵向看，都是如此。从现实的横向看，各行各业都有大量的从业人员，但高才在各行各业都是少数；从历史的纵向看，历史上四百多位皇帝，他们拥有绝对的权力，可伟大的皇帝屈指可数。高才要有高学识、高能力，更要有高修养，由此可以凝聚中才，带动低才，成就事业。不论是领导人才，还是专业人才，古今中外概莫能外。

社会需要什么样的人，我们个人如何适应社会，从不同的角度可以谈出很多方面。我只就一般情况来谈三点：

第一，社会需要正常的人。正常人的标准应是：心态良好，体力、智力、心力“三力”统一。个人对应要做到：保持良好心态，实现体力、智力、心力“三力”统一；健康人格，心胸开阔，控制心病，不畸形，不变态；做君子，不做小人，不做坏人。这需要有正确的比较法、正确的幸福观、正确的劳累观和正确的利益观。

第二，社会需要多种多样的人。所谓“三百六十行，行行出状元”，各行各业、各种职业都是一个社会关系链，一环扣一环，互相联系，互相依存。个人首先要扬长避短，有可能再扬长补短，要弄明白自己的最大长处和最大短处是什么，找到自己的位置。

第三,社会需要理论与实践结合型的人。现实的问题往往是理论与实践相脱节,搞实践的不研究理论,高不了;搞理论的接触不了实践,深不了。一个人要有大作为,就要走理论与实践相结合的路子,一个组织要有大作为,就要聘用理论与实践相结合的人。理论与实践结合型的人,做微观的事,能够有宏观思维;做眼前的事,能够有长远眼光。

写于2011年2月

第五十七谈

经济学与人学

经济学研究的是如何以最小的资源投入获得最大的经济产出，以满足人们日益增长的、连续不断的经济需求。因为人类所在的地球上的资源是有限的，外星球可能有无限的资源，但人类还无法获取，而人类的需求是日益增长的，又是一代一代没有穷尽的。

怎样做到最小、最大、连续不断呢？实践证明，实行怎样的经济制度至关重要。远的不说，就近百年来看，主要有两大经济制度，一个是计划经济制度，一个是市场经济制度，实行的结果是大不相同的。计划经济制度的特征是：企业都姓“公”，人、财、物资源行政配置，“大锅饭”“铁饭碗”、平均主义，理论上人人都是主人，实际上谁也不是主人，有好处和利益时大家都争，都成了主人，有责任和义务时大家都躲，都不想当主人。结果是干多干少一个样、干好干坏一个样、干与不干一个样，甚至是相反激励，干的不如看的，看的不如捣蛋的，人无压力、无动力，缺乏积极性和创造性，投入高、产出低，衣、食、住、行、用全面短缺，只能凭票供应。如果说，市场经济制度的危机是“过剩”的危机，那么计划经济制度的危机就是“短缺”的危机。市场经济制度的特征是企业大多姓“私”，人、财、物资源市场配置，出资人明晰，主人明确，进人、用人、分配实行市场竞争，优胜劣汰。结果是效率高、投入少、产出多，衣、食、住、行、用丰富多彩，你想到的需求均能得到满足，你没有想到的需求也能被创造出来。为什么不同的经济制度会产生如此不同的结果呢？核心是人的问题、人性问题。

人学研究的就是人的问题、人性问题。当然，它研究的是社会人的一面，而不是自然人的一面，即不是研究人体本身，那是生物学、医学的事情。

人本善，还是人本恶；人本公，还是人本私；人本贪，还是人本廉；人本勤，还是人本懒等。我认为，两极的人少，中性的人多。拿善恶来说，极善和极恶的人均是少数，大多数人同时既包含着善也包含着恶。关键是实行什么样的制度，这里所说的制度，既包括经济制度，也包括政治制度。好的制度可以使中性的人扬善抑恶，均成为好人，还有可能使性本恶的人转化成为好人；不好的制度可以使一些中性的人扬恶抑善，成为坏人。这既是经济学问题，也是人学问题。因为经济的需求应以人为本，经济的供给关键是人的效率、人的积极性和创造性。市场经济制度的经济学原理认可人的“私”，以“私”为出发点可以激发人们的积极性和创造性，从而提高效率，为资本保值增值的“私”，源源不断地生产出能够卖得出去的、为社会所接受的商品和服务，即直接为自己，间接为社会。但是，这要有两个前提条件：一是充分竞争，即同一种商品和服务，要有多家企业做，不能形成垄断；二是要有统一的法律规则，且一视同仁，不能对此这样对彼那样。所以，市场经济既是竞争经济，也是法治经济。

怎样实现充分竞争和法律面前一视同仁？这就需要政治制度加以保障。市场经济需要民主法治政治，市场经济制度需要民主法治政治制度。如果没有民主法治作为保障，特权横行、贪腐盛行，没有好处不作为、有了好处乱作为，市场经济就难以搞下去，市场经济制度也就难以真正实现。民主法治政治制度的精髓就是公民权利到位，即公民的选举权和被选举权到位。实行民选官、民管官；让公权力在阳光下运行，法律公开透明，执法公开透明。由此看来我们的政治体制改革任务还十分艰巨，因为我们的社会还不能说是一个完全的民主法治社会，很大程度上应该说是一个关系社会，人们遇到问题首先想到的是找关系，而不是找法律，与此相对应的则是“潜规则”、拉关系、走后门，关系硬的一路“绿灯”。长此以往，人们就形成了习惯，“表示表示”当属正常，而不“表示”则反倒被视为不正常了。于是乎念书表示、看病表示、结婚表示、检查表示、评比表示、审批更得表示……事前表示、事后也得表示。不表示行不行呢？还真不行。首要的问题就是让你办不成事，同时人家还说你不会办事，甚至说你不会做人，反倒和你的道德水准联系起来了。还有就是各种执法的“私了”，执法者不出任何票据，钱装自己腰包了事；违法者为减少点罚款，交款走人，法律就这样被践踏了。更有甚者，执法已经不是为了惩治违法，而是为了罚款捞好处，比如公路车辆超载，基本上是交款走人，至于超不超载似乎与执法者没有任何关系。

写于2012年4月

第五十八谈

人性两头小中间大

人性是多面的。是性本善,还是性本恶;是性本公,还是性本私;是性本廉,还是性本贪;是性本勤,还是性本懒等,对于人性可以从多角度去研究。我的看法是,不论从哪个角度看,都是“两头”居少,“中间”居多,即极善和极恶、极公和极私、极廉和极贪、极勤和极懒均是少数人,多数人属“中性”,人性中同时蕴含着善与恶、公与私、廉与贪、勤与懒等。这就有赖于社会制度,因为人是“社会人”,好的社会制度可以使多数“中性人”扬善抑恶、扬公抑私、扬廉抑腐、扬勤抑懒,可以使不好的人转化为好人,使社会良性循环不断进步,而不好的社会制度则会相反。

人类社会的实践证明,对人性的认识、对人性的定位正确与否至关重要。因为社会制度一般都是基于对人性的认识、对人性的定位建立的。对人性的不同认识、不同定位,会建立不同的社会制度;不同的社会制度,会导致人们不同的社会行为;不同的社会行为,会产生不同的社会结果。基于正确的人性认识和人性定位,就会建立起好的社会制度,基于错误的人性认识和人性定位,就会建立起不好的社会制度。可以说,古今中外,无论哪个国家,凡与制度安排联系着的成功,都是源于对人性定位理论的正确,凡与制度安排联系着的失败,都是源于对人性定位理论的错误。这其中最典型的就是计划经济制度和市场经济制度。

人性是相同的,没有种族、地域、国家之分。不同种族、不同地域、不同国家的人往往会形成不同的文化和习俗,但不会形成不同的人性,人性本质上都是一样的。现代人如此,历史人也是如此;中国人如此,外国人也是如此。历史为什么会不断重演,不同国家的历史总会似曾相识?原因就在于此。

人性可以从多角度、多层面来说,在此笔者仅就贪婪和恐惧做一下剖析。

人性在一定条件下是相当贪婪的,在一定条件下又是相当恐惧的。这种人性的"双重性"表现最为充分的当属萨达姆和卡扎菲了,他们都曾是一个国家的最高掌权者,而且曾长期掌权且集各种权力于一身,说一不二。在他们的权力控制下,国家只有臣民,没有公民,个人可以为所欲为,由此贪婪的本性也就达到了极致。仅从金钱的数字来看,据不完全统计,萨达姆在海外有400多亿美元资产,卡扎菲海外资产高达1500亿美元。他们贪那么多干什么呢?他们想永生,即使有死他们还想死后继续享用;他们想着子孙,子子孙孙没有穷尽嘛,得让他们永远富贵。可见,贪婪是无止境的。而一旦他们倒台了、落魄了、面临死亡了,他们恐惧的本性同样表现得淋漓尽致。萨达姆在家乡提克里特一个农场的地窖里被美军揪了出来,没有反抗,更没有自杀,而是乖乖地被绞死;卡扎菲在家乡苏尔特的一个水泥管道里被抓了出来时,还高喊:"不要开枪!不要开枪!"当即被人侮辱,开枪打死。他们在最后的关头,看不出一点儿掌权疯狂时所谓的"英雄"本色,连普普通通的人都不如。

贪婪和恐惧的人性是共同的,没有种族和国别之分。比如,我们的一些贪官,贪污受贿几十万、几百万、几千万、上亿的都有。如果说几十万、几百万还尚且有用,那么几千万、上亿元又干什么呢?有人说,我们的官员工资低,应该给予高薪,高薪就可以养廉了。这恐怕有点儿太幼稚了,再高的薪水还能给他们几千万、上亿元吗?可见,在贪婪面前,高薪是不可能养廉的。恐惧同样如此,当贪官被"双规”、被判刑时，他们同样痛哭流涕、寻死觅活、不知所措。

美国次贷危机同样是贪婪和恐惧的恶果。美国华尔街的大佬们把次级贷款打包成多种证券，向全世界兜售。在房地产需求旺盛、价格节节攀升时，人们得高、攀高、群体贪婪，纷纷买进次级债；而当房地产价格掉头向下，人们又群体恐惧，纷纷抛售房地产和次级债，供大于求，越抛越跌、越跌越抛，最后导致危机。

贪婪和恐惧是不可能消除的，但可以进行控制。控制有两种：一种是自控，就是每个人通过学习、实践、修身，把人生和世界看得清、看得淡，达到自我控制的境界，不走极端路线；另一种就是外控，最主要是建立起科学的社会经济、政治制度，用科学的制度约束人，用科学的制度管理人，使人们的经济行为和政治行为都要在科学制度的“笼子”里跳舞。

写于 2012 年 3 月

第五十九谈

先天与后天

说先天,有两个词汇恐怕是最重要的,一是天命,二是天性。天命有没有我不知道,也研究不了,反正人们不论遇到好事还是坏事,总会不由自主地归于天命。遇到坏事,有些人总会说,这都是命啊!老天爷如何如何,显得很无奈;遇到好事,有些人也总会说,命真好,真是天助我也!不管怎样,起码是心理安慰,或者说是心理需要吧!

天性我是确认有的。比如同样的父母同样的家庭,有几个子女,情况会有很大不同,甚至截然相反。有的人品很好也很有能力,有的人品很好没有能力,有的人品很坏很有能力,有的人品很坏没有能力,等等。再比如一个群体,一个学校的学生群体或是一个单位的职员群体,总是各有所长、各有所短,脾气禀赋都是不一样的。我认为,这些都是天性决定的。

天性和人性不同。天性是不同的,是个体的,就像男性和女性一样是先天形成的,难以改变的,所谓“江山易改禀性难移”,就是这个道理。天性的外在表现就是性格,性格各式各样,应该说就是天性使然。天性又是怎么来的呢?是不是现代科学揭示的基因形成的?我不好下结论。人性是共同的,是群体的,没有种族、地域、国家之分。不同种族、不同地域、不同国家的人往往会形成不同的文化和习俗,但不会形成不同的人性,人性本质上是一样的。现代人如此,历史上的人也是如此;中国人如此,外国人也是如此。

认识天性很重要,具体到个人身上就是要认识自己的长处和短处,以便扬长避短,在学习上、在工作中充分发挥自己的长处,规避自己的短处,这样成功的概率就会高一些。可在现实中很多人认识不到这个问题,不研究自己的所长所短,人云亦云,随大流跟着跑,人家学啥他跟着学啥,人家干啥他跟着干啥,结果是没有扬长避短往往还扬短避长了,成功的概率会大大降低。对天性的认识对于群体同样重要,认识了人的天性问题,在组建团队时,就会注意把不同特长、不同性格的人进行合理搭配,取长补短,使其在日常工作中发挥各自所长,补各自所短,形成强大的团队力量。

后天,主要有两个方面:一个是个人努力,一个是环境造就。个人努力很重要,没有只靠天性而不经过努力就能获得成功的人。这里的努力包括认真学习、勤奋工作、加强修养等方方面面。而仅仅个人努力,没有适合的环境,也是难以成功的,有的人有很好的天性,也很有能力,但没有遇到适合的环境或者说机遇,终究一事无成,可谓"谋事在人,成事在天",或者说机遇加才能才可能成功。当然,环境可以耐心等待,也可以主动寻找,还可以积极创造。好的环境,可以使人快速成长,造就对社会有用的人才;坏的环境,可以使人变坏,给社会带来危害。当然,也有在好环境下变坏的,也有在坏环境下变好的,这只能是个案。作为个人,我们要积极寻找好的环境,使自己成才,为社会做出应有的贡献;而社会,要积极创造好的环境,给予人们平等竞争的机遇,让人们充分发挥自己的才干。

写于 2012 年 9 月

第六十谈

人性与制度

人性是多面的。是性本善,还是性本恶;是性本公,还是性本私;是性本廉,还是性本贪;是性本勤,还是性本懒等,对于人性可以从多角度去研究。我的看法是,不论从哪个角度看,都是“两头”居少,“中性”居多,即极善和极恶、极公和极私、极廉和极贪、极勤和极懒均是少数人,多数人属“中性”或者说“双重性”,即多数人人性中同时蕴含着善与恶、公与私、廉与贪、勤与懒等。这就有赖于社会制度,因为人是“社会人”。好的社会制度可以使多数“中性人”扬善抑恶、扬公抑私、扬廉抑腐、扬勤抑懒,可以使不好的人转化为好人,使社会良性循环,不断进步,而不好的社会制度则会相反。

人性是相同的,没有种族、地域、国家之分。不同种族、不同地域、不同国家的人往往会形成不同的文化和习俗,但不会形成不同的人性,人性本质上是一样的。现代人如此,历史上的人也是如此;中国人如此,外国人也是如此。为什么历史悲剧会一再重演,各个国家的问题似曾相识?根子就在这里。

人类社会的实践反复证明,对人性的认识、对人性的定位正确与否至关重要。因为社会制度一般都是基于对人性的认识、对人性的定位建立的。对人性的不同认识、不同定位,会建立不同的社会制度;不同的社会制度会导致人们不同的社会行为;不同的社会行为会产生不同的社会结果。基于正确的人性认识和人性定位,就会建立起好的社会制度,基于错误的的人性认识和人性定位,就会建立起不好的社会制度。

首先说政治制度。政治不是神话,而是活生生的现实。政治与每个人都息息相关,我们每个单位、每个人都离不开政治。政治环境好,人心就顺,社会就稳;政治环境不好,人心就不顺,社会就不稳。特别是在我们这样一个高度“不患寡而患不均”的社会。政治环境的好坏,主要取决于执政者治国理政状况,关键是两条:一是路子要走对,二是执政要廉洁。其核心是政治制度是否科学,也就是对人性定位是否正确。

当今世界的主流政治制度是民主法治。民主就是人民当家做主;法治就是在法律面前人人平等。我们的政治体制改革也是在朝着这个方向进行着。当然,我们的民主法治政治不可能照抄照搬西方模式,而是要走中国特色的社会主义路子。重要的是要解决公权力由谁赋予、由谁监督的问题,实质上就是官选官、官管官,还是民选官、民管官的问题。我们一直坚持的是党管干部原则,主要是官选官、官管官。我认为,最好的办法是把党管干部和民选干部结合起来。前提是中央和省市自治区现有制度不变,把地市一级行政机构取消,省直管县,对县、市长实行属地公民选举和省市自治区党委任命相结合的办法。具体操作是:一是在县、市政府换届时,根据组织考核、民意测评、公民推荐和自荐,形成3名候选人,向省市自治区党委申报确认,确认后即可成为县、市长正式候选人;二是按照宪法,有选举权和被选举权的公民,都要进行选民登记;三是各候选人都要通过电视、广播、报纸、网络等多种媒体向选民公开亮相,发表竞选演说、施政纲领,乃至候选人公开辩论,要在不同场合与公民面对面直接交流,接受咨询,进行答辩;四是选民直接投票选举,得票多者当选,且由其进行“组阁”,不要由组织配备副职;五是对当选者报经省市自治区级党委批准后生效,届期5年,连选连任不能超过两届;六是省委组织部门和社会民间机构每年都要进行民意测评,支持率调查,并向社会公布测评、调查结果;七是乡镇长选举照此进行,只是候选人和最终选举结果由县市党委确认、批准。

如此做的好处是:第一,把党管干部和人民当家做主紧密结合,融为一体。由省级党委确认候选人和最终任命县市长,体现了党管干部原则;对候选人交由属地公民直接选举,得票多者当选,体现了人民当家做主宗旨。第二,把官选官、官管官和民选官、民管官紧密结合,融为一体。中国自古以来基本上实行的是官选官、官管官制度,吏治的腐败难以解决;欧美现行的制度基本是民选官、民管官,易过分迁就于民,受各种利益集团困扰。我们应该创出一条新路,就是将二者结合起来,最大限度地克服各自的弊端,让县、市长既要对确认、任命他的上一级党委负责,又要对选举他的选民负责。第三,把组织防腐反腐和民众防腐反腐紧密结合,融为一体。由省级党委确认候选人和最终任命县、市长,利于全党集中统一,利于组织上防腐反腐,利于省直管县。因为省市自治区级党委是由党中央直接把控的,一般不会过于偏离党中央的大政方针。由公民直接选举,公开亮相,没本事的人和有腐败问题的人一般是不敢面对公众参加竞选的,这就从民众层面上起到了防腐反腐作用。由此,最重要的是能够把公权力装进制度的笼子里。人性使然,要使政治清明高效,社会长治久安,只能靠科学的政治制度,其他都是苍白无力的。

其次说经济制度。经济,通俗地说就是人们衣、食、住、行、用的需求与解决衣、食、住、行、用的供给。经济工作要解决的就是需求与供给的平衡问题。市场经济下,供求平衡还是不平衡,通常是通过价格反映出来的。平衡,价格平稳;不平衡,价格就不平稳。经济学研究的就是如何以最小的资源投入获得最大的经济产出,以满足人们日益增长的、连续不断的经济需求。因为人类所在的地球资源是有限的,而人类的需求却是日益增长的,又是子子孙孙没有穷尽的。

怎样做到最小、最大、连续不断呢?实践证明,经济制度至关重要。远的不说,就近百年来看,主要有两大经济制度,一个是计划经济制度,一个是市场经济制度,实行的结果大不相同。计划经济制度的特征是:企业都姓“公”,人、财、物资源政府配置,权力是核心;“大锅饭”“铁饭碗”、平均主义,理论上人人都是主人,实际上谁也不是主人,有好处和权利时大家都争,都成了主人;有责任和义务时,大家都躲都不想当主人;结果是干多干少一个样、干好干坏一个样、干与不干一个样,甚至是相反激励,干的不如看的,看的不如捣蛋的,人才不如庸才,庸才不如赖才;人无压力、无动力,缺乏积极性和创造性,投入高,产出低,衣、食、住、行、用全面短缺。

市场经济制度的特征是企业大多姓“私”,人、财、物资源市场配置,资本为核心;出资人明晰,主人明确,进人、用人、分配实行市场竞争,优胜劣汰;结果是效率高、投入少、产出多,衣、食、住、行、用全面丰富。

为什么不同的经济制度会产生如此不同的结果呢?核心是人的问题、人性问题。因为经济的需求是以人为本,经济的供给关键是人的效率、人的积极性和创造性。市场经济制度的经济学原理,就是认可人的“私”,以“私”为出发点激发人们的积极性和创造性,从而提高效率。为了实现资本保值增值的“私”,会源源不断地生产出能够卖得出去的、为社会所接受的商品和服务,即直接为自己、间接为社会。但是这要有两个前提条件:一是充分竞争,即同一种商品和服务,要有多家企业做,不能形成垄断;二是要有统一的法律规则,一视同仁,不能对此这样对彼那样。所以,市场经济既是竞争经济,也是法治经济。

第三,说资本制度。资本是由货币转化而来的,资本的基本属性就是追逐利润,不想赚钱的“钱”不能称其为资本。资本赚钱的载体是公司,现代企业的组织形式——公司,均是按资本形成的股权组织起来的。资本无国界,可以在全世界配置资源,做跨国公司。资本借助人性好的方面,诸如追求美好的生活、积极向上的精神、勤劳智慧的干劲等,在资本制度诞生近400年的时间里,极大地推动了生产力的发展，创造了前所未有的社会财富，人们想到的需求被资本源源不断地创造出来，人们没有想到的需求也被资本源源不断地创造出来。

但是，资本也是一把“双刃剑”，在给人们创造财富的同时，也一次次地给人们带来灾难，即金融危机、经济危机，乃至政治危机。就人类社会近百年的历史来看，资本就制造了多次危机，最严重的莫过于20世纪二三十年代的大危机了，股票市场崩盘，企业银行纷纷倒闭，整个经济大萧条，且导致最激烈的政治危机，爆发了第二次世界大战。最近的应是始于2008年的美国“次贷危机”了，延续时间之长是始料未及的。

资本之所以会如此，是资本贪婪的本性所致。资本在追逐利润时，总是没有节制地多多益善，由此往往会不择手段，最终就会扭曲经济、扭曲社会，违反经济规律、社会规律，必然受到规律的惩罚，导致不同形式的危机。

资本为什么会如此？这不是资本本身的问题，而是人的问题，是人性使然。因为资本是归人所拥有的，是由人操控的，资本的贪婪是人性贪婪的外在表现，资本的“双刃剑”实际上也是人性“双重性”的外在表现。人性有进取的一面，表现在资本上就是通过追逐利润而生产出更多更好的商品和服务，将其销售出去，满足人们各种需求，从而使资本获取利润；人性也有贪婪的一面，表现在资本上就是过分地追逐利润，以致到了疯狂的时候，危机也就自然地爆发了。

贪婪是不可能消除的，但是可以进行控制。控制有两种：一种是自控，就是每个人通过学习、实践、修身，把人生看得清一些、看得淡一些，达到自我控制的境界，不走极端路线；另一种就是外控，最主要是建立起科学的社会制度，用科学的制度约束人，用科学的制度管理人，使人们的经济行为和政治行为都要在科学制度的“笼子”里跳舞。

对于资本应同样如此，不能放任自流，人类应该用其所长补其所短。用其所长，就是要利用其逐利性，调动其积极性，为人类创造财富；补其所短，就是节制其贪婪性，将其装进科学制度的“笼子里”，使其在“笼子里”跳舞。发达资本主义社会，如果说在政治制度上将公权力装进了“笼子里”，使掌握公权力的人只能在“笼子里”跳舞，那么在资本制度上还没有把资本装进“笼子里”，使资本在“笼子里”跳舞。我们渴望，通过此次“次贷危机”“欧债危机”，人类找到把资本装进“笼子里”的办法，建立起一系列行之有效的资本制度并付诸实施，使人类社会迈向更加美好的明天。

写于2013年7月

第六十一谈

制度的力量

制度,对于任何一个国家、任何一个单位,无论规模大小、人数多少,都不可谓不重要,都不能不重视。因为人是需要组织的,组织起来才有力量,才能抵御各种风险。有组织,就得有组织的运行规则,就得有组织的运行机制,这就是制度。

国家组织制度,主要是政治制度和经济制度。政治制度,当今世界有两大主流,一是以欧美国家为主导的多党竞选、轮流执政的立法、司法、行政三权分立的政治制度,二是以中国共产党领导的多党合作、政治协商、民族区域自治、基层群众自治的人民代表大会制度,即中国特色的社会主义政治制度。经济制度,近现代主要是市场经济制度和计划经济制度,当今世界主流是市场经济制度。

单位组织制度,主要是企业制度,即以股权为核心的现代企业制度,即按照出资额确定股权、明确股东,形成董事会和监事会,董事会聘任经理人,经理班子享有充分的经营管理自主权,但要接受董事会领导,接受监事会监督。

其他单位组织制度,诸如协会、学会、慈善基金会等社会组织,一般实行由会员大会或会员代表大会选举产生理事会、常务理事会、会长、副会长、秘书长的治理制度。

制度有好坏之分,好的制度,激发正能量,形成正效应;不好的制度,激发负能量,形成负效应。民主法治的政治制度可以使国家和社会长治久安，专制独裁的政治制度则使国家和社会处于不确定状态；市场经济制度使经济全面丰富，计划经济制度使经济全面短缺。同样的中国人，在大陆就随地吐痰，随手扔垃圾，随处吸烟、丢烟头，到了香港，不良行为立即改变。原因很简单，都知道香港的制度是刚性的，没有关系可找、没有潜规则可寻，如有违规，只能接受重金处罚或强制劳动。英国葛兰素史克的药品、德国西门子的医疗设备、美国福喜的食品在他们国家都是好孩子，可到了我们国家就变成了坏孩子。大面积行贿医院、高价倾销药品和医疗设备，用过期肉顶替鲜肉上百姓餐桌。为什么？就是制度问题。人家的制度定得好，执行到位，一视同仁；我们的制度漏洞多，执行缺力度，看人下菜碟。

制度应针对人性设计。好的制度设计对人性有着正确的理论定位，不好的制度设计对人性有着错误的理论定位。

制度要易操作、不复杂，重在有效。好的制度设计一定能够釜底抽薪，牵一发而动全身，阳光透明、简便易行、行之有效，且运行成本低廉；不好的制度往往空中楼阁，留有诸多可暗箱操作空间，复杂难行，运行成本高昂。

人类社会的历史反复证明，国家与国家之间的较量、组织与组织之间的较量，核心就是制度与制度之间的较量。制度好，就百花齐放、蒸蒸日上；制度不好，就万马齐喑、江河日下。所以，制度可以出人才，出创造；制度可以出效率、出效益；制度可以出经济实力、政治实力。对于人类社会来讲，制度比人品更可靠，制度比能力更重要。人品和能力在好的制度下才能发挥应有的作用，否则就会劣币驱除良币，乃至良币变为劣币。

制度的力量是伟大的。

写于 2014 年 3 月

第六十二谈

人性与文化

人之初，性相同，这是就人性而言。性相同，习相远，这是就文化而言。

人性是相同的，是先天的，是难以改变的。不同的国家、不同的地域、不同的民族、不同的历史阶段，人性都是相同的。所以，不同的历史相同的悲剧不断重演，不同的国家现实的问题似曾相识。中国的历朝历代都跳不出历史周期律，就是皇帝制度下的人性使然。法国拿破仑1812年5月入侵俄罗斯遭遇惨败，德国希特勒1941年6月入侵苏联重蹈覆辙，同样是贪婪的人性使然。人性驱使绝对的权力必然导致绝对的腐败，上帝也无可奈何。欧洲中世纪教会对《圣经》解释权的绝对垄断和政教合一的体制，导致了教会的绝对腐败，无节制地贪图权力、财货与女色，贩卖“赎罪证”就是最典型的敛财手段。全面公有制计划经济时期各行各业，从农村生产队到城市企事业单位，很多人出工不出力，效率低、效益差，投入高、产出低，经济全面短缺，也是人性使然。

文化是不同的，是后天形成的，是可以改变的。不同的国家、不同的地域、不同的民族、不同的历史阶段，会有不同的文化。百里不同俗，就是这个道理。中国最大的节日是春节，西方最大的节日是圣诞；中国是国画，西方是油画；中国是民乐，西方是交响乐；中国是京剧，西方是歌剧；中国是瓷器，西方是玻璃器等，不胜枚举。语言文字更是如此。

文化可以互相学习，互相借鉴，互相渗透。历史上东、西方的文化交流源源不断，改革开放后东、西方的文化交流更是硕果累累。

文化有好有坏，有先进与落后之分。一个国家和民族只有积极倡导和践行先进文化，摒弃腐朽落后文化，才能推进社会进步，使国家和人民永远立于不败之地。一个人也只有用好的文化武装头脑，才能有正确的理想、良好的心态、保持定力、积极进取，走出好的人生路子。

写于 2016 年 5 月

第六十三谈

儒家思想与皇帝制度

自从西汉董仲舒“罢黜百家，独尊儒术”的思想主张被汉武帝采纳以后，儒家思想一直成为两千多年来皇帝制度的主流思想。

儒家思想的人性定位主导的方面是“性本善”，其核心被后人归纳为“三纲五常”，即君为臣纲、父为子纲、夫为妻纲和仁、义、礼、智、信。具体到治国理政上就是要施“仁政”，以德治国。具体到为政者就是要修身、齐家、治国、平天下。

纵观两千多年儒家思想与皇帝制度的政治生态，总的看是儒家思想支撑了皇帝制度，而皇帝制度却没有践行得了儒家思想，且大多数时间都走向了儒家思想的反面，历朝历代都没有摆脱兴盛——停滞——衰亡的结局。

为什么会如此？笔者认为，这是皇帝制度的必然，也是人性的使然。按照儒家思想，皇帝应该是最大的善者，最大的仁者，最有道德的人，最应该是克己守礼的人。然而，皇帝制度的设计，第一，是家天下，世袭制，嫡长制，不可能选天下贤才当皇帝，不可能选家中贤才当皇帝。第二，是大权独揽，独断专行，一言九鼎，不可能海纳百川，虚心纳谏，科学决策，施仁政、施德政。第三，是集天下顶级好处于一身。住皇宫，坐金銮，穿龙袍，吃百宴，三宫六院七十二嫔妃。不可能守规守礼，廉洁自律，成为天下人的道德楷模。绝对的权力必然导致绝对的腐败，绝对的好处必然导致绝对的贪婪。皇帝也是人，人性的善与恶、贪与廉、勤与懒等在皇帝身上同时存在。皇帝制度的设计使得皇帝的人性很容易走向扬恶抑善，扬贪抑廉，扬懒抑勤。乃至更加极端：极端的恶，极端的贪，极端的懒。就是在同一个皇帝身上呈现出两个极端的现象也不是个别。比如唐玄宗李隆基，晋武帝司马炎就是从雄才大略，辉煌政绩到穷奢极欲，荒废朝政的典型例证。

当然，同样的皇帝制度也有伟大的皇帝，诸如文景之治的汉文帝刘恒、汉景帝刘启，贞观之治的唐太宗李世民，康乾盛世的清康熙帝玄烨、雍正帝胤禛、乾隆帝弘历等。为什么同样的皇帝制度会出现伟大的皇帝呢？这不是皇帝制度本身造就的，而是高才所为之。因为人群中总有高才，但高才是少数，皇帝群体也是如此，且高才产生的概率更低。他们是皇帝制度下的高才，又很好的利用了皇帝制度，成就了一番伟业。

还要特别说明的是，历史地看，皇帝制度不是一无是处。它在特定的历史阶段对于中国的大一统，对于中国历史不间断的传承起了及其重要的作用。只是到了近代没有跟上世界政治、经济变革的潮流，落后了，挨打了，被历史唾弃了。这是历史规律的必然。

写于 2016 年 3 月

第六十四谈

皇帝制度的恶果

中国的皇帝制度始于秦、止于清,延续2000多年,对于维系国家的"大一统"起了重要作用。但是,皇帝制度也带来了一系列恶果。

其一,家天下,世袭制,嫡长制。皇帝的选择面十分狭窄,治国理政强的皇帝难以出现,雄才大略的皇帝更是凤毛麟角。本来人群中德才兼备的高才就是极少数,选择面又那么窄,怎么可能出现更多的好皇帝呢?所以,2000多年400多位皇帝,真正在历史上有影响力的没有几个。历朝历代基本的局面是开国强、中兴少、末期弱,皇帝的治国理政效能总是呈现一代不如一代的递减趋势。

其二,大权独揽,独断专行,一言九鼎。这一方面使得皇帝压力过大,军国大事、杀伐决断、百姓生计、日理万机,需要有超强的治国理政能力才能当好皇帝。历史上这样的皇帝不多,但也不乏其人,如汉武帝刘彻、唐太宗李世民、清康熙皇帝爱新觉罗·玄烨。可见不是什么人都能当得了皇帝,当得好皇帝的;而另一方面皇帝又可以随心所欲,无所事事,荒淫无度,荒唐至极。历史上这类皇帝很多,如秦二世胡亥、汉成帝刘骜、晋惠帝司马衷、隋炀帝杨广、唐僖宗李儇、宋徽宗赵佶、元顺帝妥懽帖木耳、明武宗朱厚照、明万历朱翊钧、清咸丰爱新觉罗·奕詝,由此看出又是什么人都可以当皇帝的。

其三,集天下顶级好处于一身。住皇宫、坐金銮、穿龙袍、吃百宴,三宫六院七十二嫔妃、金银财宝古董字画尽情赏玩。一方面诱惑过大,吸引力过强,引得无数英雄竞折腰,父子反目、兄弟相残时有发生,皇帝如坐针毡,防不胜防,身心交瘁;另一方面消费过度,无拘无束,肆意妄为,致使荒淫无度、荒唐至极的皇帝比比皆是,短命的皇帝过多,长寿的皇帝极少。

其四,改朝换代频现。2000多年有秦、汉、隋、唐、宋、元、明、清的"大一统",也有五代十国、魏晋南北朝的乱世。哪个朝代都想江山永固、世代传承,可是哪个朝代都做不到,原因就是上述三条。害得国家经济不能连续增长,政治不能长治久安,改朝换代生灵涂炭,以致鸦片战争后列强肆意蹂躏,日本猖狂侵华,国家沦为殖民地半殖民地社会。

写于2010年7月

第六十五谈

党制比帝制优越得多

1911 年辛亥革命推翻了两千多年的帝制,中国进入了党制。这是孙中山先生的伟大贡献。中间虽然出现过袁世凯复辟、张勋复辟,但都被历史之大势所吞噬。

国内外治国理政的实践证明,党制比帝制优越得多。

第一,政治制度较为科学。党制以宪法为核心,会形成一整套的法律法规,全面依法治国。可以最大限度地避免仅凭皇帝个人好恶、金口玉言来决断国家大事的弊端。即使有些时候也会出现个人集权的情况,但持续时间不会过长。因为党制存在一套纠偏机制。

第二,政治领袖层出不穷。党制不论是多党执政,还是一党执政,都聚集了大量的社会精英,不乏英明的政治领袖。不像帝制的一家王朝,嫡长子继承制,选择面非常狭窄,出现政治领袖的概率非常低。

第三,政治智慧来源广泛。党制社会参与度高,各行各业、各个层面都可以参与重大决策,能够集思广益,贡献政治智慧的人才众多。不像帝制,参与决策的只有王公大臣,广大民众被视为小民、贱民,根本没有知情权,更别提参与权和话语权。

第四,政治腐败遏制力度强大。党制对于政治腐败的遏制力量来自多方面,有党内的、国家的,更有民众的。且公开透明度高,防腐力度强大。不像帝制一切封闭运行,腐败的土壤肥沃,遏制力量虚弱。

第五,王朝轮回可以终止。对国家和人民而言,最大的灾难就是战乱性的王朝更替。这种极端性的政权更替在党制条件下,基本上可以避免。

写于 2016 年 6 月

第六十六谈

“医闹”的制度根源

近几年来，笔者由于在保险行业协会开展定点医院工作，与医院接触比较多，也就比较多地了解了一些“医闹”的问题。所谓“医闹”，就是指受雇于医疗纠纷的患者方，与患者家属一起，借患者出现意外医疗事故或者怀疑是意外医疗事故，采取各种手段扩大事态，给医院造成负面影响，以此施加压力，通过不正当手段获取不正当经济赔偿的行为。“医闹”采取的手段往往是在医院门口扯横幅、聚众静坐、围堵医生、封堵诊室，甚至进医院打砸财物、设置灵堂等，其目的只有一个，就是迫使院方就范，按照他们的要求进行所谓的赔偿，不拿到钱誓不罢休。

按理说，医生是国际上公认的高尚职业，救死扶伤、白衣天使，是患者的救命恩人。现代社会每个人生老病死都离不开医院，离不开医生。医生和患者是相互依存的，不能也不应该成为敌人，更不应该被“医闹”，医生和患者的共同敌人只能是“病魔”。可我们的现实却是双方互不信任、互相防范，既影响了患者的治疗，也影响了医疗的进步。笔者认为，医疗事故当属正常现象，只要是在正常范围内，医患纠纷也在所难免。因为医生是专业性、技术性极强的职业，普通患者不懂医术，都希望把疾病治好，但由于种种原因总有治不好、治不了，乃至死亡的问题，所以有个别患者及家属不理解、不满意，产生纠纷，况且有的还确属医疗事故，这也是正常现象。可是，一些本是正常的现象却到了极不正常的地步,“医闹”就是典型的怪胎。

为什么呢?笔者认为,泛泛地做出解释苍白无力,只能从制度层面上寻找深层次原因。归结起来就是改革滞后,没有形成投资主体多元化、经营管理市场化,新兴医院没形成,原有医院缺乏改革的动力和压力,加之作为公益事业,政府对公立医院大包大揽,既当运动员,又当裁判员。与此同时,政府对医院和医生的目标定位过高,把公众的胃口吊得很高,人们对医院和医生的期望值自然很高。可实际的切身感受却是看病难、看病贵、收红包、吃回扣。这种极大的反差,把医院和医生推上了风口浪尖。实际上,导致医院和医生行为发生扭曲的原因就在于制度安排的不科学性。比如,政府把医院定为国家公益事业,不能以盈利为目的,要救死扶伤,实行革命的人道主义,但财政拨款不仅不增加,反而还不断被挤压甚至被取消,它何谈公益?只能自己找出路,药品加价、各种收费也就理所当然了,看病自然就贵了。再比如,政府不是监管而是包办,医院的进人、用人、分配还是按计划经济办法管。好的医生体现不出应有的价值,得不到阳光下的好待遇,缺乏积极性和创造性,不得不私下收红包进行暗补,不合格的医生又不能及时淘汰,干好干坏一个样,看病自然也就难了。但是公众不知道这些,即使知道了也找不到具体承担者,只能把怨气撒在医院和医生身上了,由此“医闹”也就有了发挥的前提条件。加之政府对医院要求过高,出事就一票否决,医院往往是息事宁人,花钱私了,结果更助长了“医闹”,形成了闹与不闹不一样、大闹与小闹不一样的局面,这就使“医闹”形成了气候。

解决“医闹”问题的办法只能是加快改革,在制度安排上做文章。

第一,充分发挥市场作用,让医院和医生在市场竞争中求得生存和发展。首先,要让各类资本平等进入医院领域,可新建医院,也可收购现有医院;可介入专科医院,也可介入综合医院。要抛弃私人资本就是恶魔,就不能做好公益事业的传统思想,彻底解放思想,更新观念,放开手脚让市场说话,使医院在市场竞争中求生存、谋发展。

其次,要让医生自由流动,通过市场竞争求生存、谋发展。政府既不要限制医生的进出,也不要任命院长、副院长,更不要定医生的工资福利,让好的医生在市场竞争中求得进入、求得晋升、求得好的待遇,使不合格的医生在市场竞争中被降职、降薪、淘汰。

第二,要切实保证为弱势群体服务的公益性医院有效运行。在充分发挥市场作用,形成一批为各类人群提供优质服务的市场化医院的同时,也要形成一批面向基层为最普通百姓服务的公益性医院。这些医院要以政府投资为主,日常运行政府要给予足够的补贴,且补贴要及时到位。同时,这类医院也要引入市场机制进行管理,医生也要实行优胜劣汰,不能混日子吃“大锅饭”,特别要引入公众评价机制,既要评价医院,也要评价医生。

第三,强化政府监管,创造公平环境。无论是对市场化的医院还是对公益性的医院,都要依法加强政府监管,要形成一套能够切实保护患者权益的监管法规、制度和可操作性办法。要敢于弘扬正气,打击邪气,严厉惩戒违法违规者。政府不要介入医院的具体事务,而要坚决把经营管理权交给医院,使其自我管理、自担风险。

写于2011年9月

第六十七谈

从欧盟国家主权债务危机说人性

欧盟国家自2008年起大多都陷入了主权债务危机之中,而主权债务危机的源头则是长时间的高福利制度。2015年8月21日,《人民日报》国际版发表了驻比利时记者任彦《违背市场规律,助长懒人习气——欧盟高福利拖累竞争力》的文章,对此进行了系统的剖析。文章指出,欧盟人口约占世界9%,生产总值占全球25%,而福利开支却占世界50%。很多人或许对欧洲的高福利顶礼膜拜,但这种"从摇篮到坟墓"的福利制度不仅成为欧洲难以承受之重,而且日益侵蚀着欧洲的竞争力,使其在全球政治和经济舞台上雄风不再。文章把欧盟高福利分为三个时代:1945—1975年为黄金时代,1976—2007年为白银时代,2008年开始进入青铜时代。为什么如此好的高福利制度会失败呢?根子在于人性不给力。

人性有懒惰的一面,有勤奋的一面,而且大多数人是"双重性"的,既包含着勤奋的一面,也包含着懒惰的一面,属于极其勤奋和极其懒惰的人是少数。这就有赖于科学的制度,遵循人性规律,从而激发多数人人性中勤奋的一面,抑制多数人人性中懒惰的一面。就福利制度来说,作为现代文明国家,对于国民"从摇篮到坟墓"都有福利安排是应该的,但是需要有度的界限,即不能使很多人因为有了各种福利成为懒人,也不能使很多人因为缺乏福利成为流落街头的人。欧盟国家的问题是福利过高了,超过了度的界限,使得很多人成了懒人,激发了人性的懒惰,抑制了人性的勤奋,从而形成了相反激励:使得懒人越来越多,勤奋人越来越少。人无压力、无动力,劳动生产率自然会下降,经济活力就不强。而维持高福利就需要对企业高税收,由此又使得企业国际竞争力下降乃至资本外逃,企业纷纷转移至税收洼地国家,使得本国税收进一步减少,高福利不得已只能靠国家举债来维持,最终就形成了主权债务危机的恶性循环。更为严重的是,这种状况还难以纠正,由于欧盟国家都是选票政治,政治家竞选国家元首时纷纷承诺选民好处,谁也不戳穿"皇帝的新衣"而采取降低福利措施。因而,也就一步一步从黄金时代,经过白银时代,走进了青铜时代,是不是会到石器时代,也很难说。

写于 2015 年 8 月

第六十八谈

可怕的“疯狂”

“上帝欲让其灭亡，必先让其疯狂”，这是古希腊悲剧作家欧庇德斯的名言。多么富有哲理，多么可贵的忠告。可是，自古以来，疯狂的事件依旧在一幕幕地上演。

历史上，秦始皇、隋炀帝、唐玄宗的疯狂可谓很不一般。秦始皇嬴政，雄才大略、横扫六国，建立了中国历史上第一个大一统的秦帝国，可是统一后他没有实行仁政，只有专政，横征暴敛，严刑酷法，焚书坑儒，建阿房、修地宫、筑长城、游四方、寻长生不老药，弄得民不聊生、民怨沸腾，最终导致陈胜吴广起义、楚汉相争，设想千秋万代的大秦帝国，仅存了 14 年就土崩瓦解了。隋炀帝杨广，可谓非常之才，文则诗文盖世，武则统兵灭陈，加之阴谋诡计、伪装仁孝俭朴，作为次子却夺了太子席，承了皇帝位。继位后，他不顾人民死活，疯狂地急于求成，建东都洛阳，开通大运河，到处开疆拓土，西巡张掖，两巡塞北，三游江都，三征辽东，结果 10 多年就断送了隋文帝开皇之治辛辛苦苦 20 多年攒下的家底，使大隋帝国成为中国历史上又一个大一统的短命王朝，隋炀帝本人一心想留千载英明，却博得了一个千载骂名。唐玄宗李隆基，前期注重拨乱反正，任用姚崇、宋璟等贤相，励精图治，开创了开元盛世，将唐王朝乃至中国封建王朝推向了极盛之世。后期却沉溺于享乐之中，怠慢朝政，宠爱杨贵妃，宠信李林甫、杨国忠等奸臣，重用安禄山等佞臣，加上诸多政策失误，导致长达 8 年的安史之乱,使中国封建王朝由盛转入衰。

当今现实中的疯狂更是比比皆是。

其一,民间借贷的疯狂。近年来,民间借贷的规模之大、利率之高、地域之广可谓难以想象。比较典型的当属浙江温州、内蒙古鄂尔多斯和陕西神木了。借贷利率三分五分属常见,八分一角不奇怪,最高还有两角的。山东邹平县有一位叫何长河的人,成立的长河养殖有限公司以2毛钱的利息向周边借贷,吸引了众多投资者。当地村民描述:有的人一有了收入,首先想到的就是投放到长河养殖,到后来低于100万元不收。周边村民为此都是亲戚找亲戚、朋友托朋友,一起将100万元凑齐送到长河养殖。据推算,邹平全县民间借贷涉及资金高达上千亿,牵扯在内的公职人员数不胜数。据接近警方的人士称,因大规模民间借贷行为引起的债务纠纷已造成30多人死亡。2013年年初陕西神木县张孝昌民间借贷案爆发,张孝昌借贷资金累计101亿元,涉贷人员1380人,涉贷公司56家,多名政府官员亦牵涉其中。据多名借贷者称,保守估计此事波及人数超2万人,因为每个与张孝昌有直接借贷关系的人,背后都牵连着多名亲朋好友的资金。

其二,地方政府借债的疯狂。近年来,很多地方政府借债也达到了疯狂的程度。由于不透明,准确数据难以搞清,审计署审计出的2010年年底数据为10.7万亿,汇丰给出的2012年年底数据是36万亿。根据审计署2013年6月公布的审计结果,截至2012年年底抽查的36个地方政府债务余额3.85万亿元,其中有16个地区债务率超过100%,最高的达219.57%,有的地方政府逾六成的年收入得用来还债。据媒体此前报道,广东省省情研究中心调查了20个乡镇,政府欠债总额超过10亿元,个别乡镇不吃不喝还债需要400年。

其三,银行赚钱的疯狂。我们的银行成了当今世界上最能赚钱的银行。据2012年2月17日银监会发布的数据显示,2011年商业银行净利润超过万亿元大关,达到1.04万亿元,相比2010年7637亿元净利润，增长率达36%，创历史新高。按此计算，商业银行年平均每天赚得约28.5亿元，以致都“赚得有点儿不好意思了”。银行是虚拟经济，它本身不创造财富，它的利润来源于实体经济，银行的利润过高，必然导致企业的利润过低，阻碍实体经济发展，以致大量资金撤出实体经济，进入虚拟经济的各种炒作。

其四，保险保费的疯狂。多年来，各保险公司都是以“保费论英雄”，任务年年加码，鞭打快牛，搞得员工和销售人员整天不顾一切地疲于奔命、“跑马圈地”。为了拉业务、上规模，盲目抬高手续费率，私下给有业务资源的机构和人员好处费。财务上变票造假，导致业务、财务数据失真。业务上夸大保险产品不确定性利益，不说明保险责任和责任免除，造成理赔给付时客户实际得到利益与销售演示利益反差很大；不说明费用扣除和退保损失，造成退保时客户损失过大难以接受；不说明缴费期限，长险短做，造成客户缺乏继续缴费的准备。销售时，短期行为、恶性竞争、不计成本；理赔时，托赔、惜赔、无理拒赔，造成“理赔难”。很好的保险业，让我们做得没形象、没地位、没尊严。

其五，上市公司圈钱的疯狂。我们的很多上市公司首先考虑的不是通过上市怎样改革企业制度、改善经营管理，把企业做好做强，给股东以好的回报，而首先考虑的是如何多多益善地圈钱，高管如何获得更高的收入。结果是一级市场高溢价发行，以致不惜造假高溢价发行，看上去股权收益很可观，项目故事讲得很动听，可上市不久就变脸，曾经的东方电子、银广夏、蓝田股份、红光实业、万福生科等均是如此，至于投资者的收益，有些公司是铁公鸡一毛不拔，有些公司则蜻蜓点水意思意思。二级市场内幕交易、坐庄炒作，疯狂地掠夺股民的钱，使众多股民损失惨烈，几年炒股下来钱没了、人废了、身体和精神都垮了，由此股民对中国股市失去了信任、失去了信心，使得中国股市一片狼藉，成为“次贷危机”以来世界上跌得最惨的股市。

其六，房地产价格的疯狂。中国的房地产市场10年调控却10

年狂涨。2013年较之2003年，一、二线城市大多都涨了10倍以上，三、四线城市也都涨了5～10倍。为什么会如此疯狂？一是需求的旺盛。这里有两个方面，一方面是消费需求，中国百姓的房子情结很重，把有自己的房子作为终身大事，比如农村人聘姑娘、娶媳妇首要看的是有没有房子，城市人谈恋爱、结婚首要看的也是有没有房子；另一方面就是投资，自2000年房地产完全市场化以后，一些有钱人、有权人都把房地产作为首选投资目标，所以才诞生了若干“房叔”“房姐”。二是地方政府的需要。GDP、财政收入、城市建设、劳动就业都需要房地产拉动。三是银行资金的给力。银行从三个渠道为房地产提供着资金：为开发商提供资金、为建筑商提供资金、为购房者提供资金。四是调控的不给力。10年的调控，主要采用的是信贷手段，提高首付比例、上浮贷款利率，这些实际上打压的是普通百姓的刚性需求，而对房产实行实名登记、全国联网、采取累进制打占用税，使多占房者占不起的釜底抽薪措施一直没实行，所以全国房子的空置率很高。

其七，贪腐的疯狂。多年来，中央打击贪腐的力度不断加大，而贪腐的额度也不断加大，从几十万、几百万，到几千万、几个亿，真是道高一尺，魔高一丈啊！比较典型的当属河南省交通厅了，16年来有4名厅长相继“落马”。一是曾锦城受贿约30万。1997年10月，河南省漯河市中级人民法院以受贿罪判处交通厅原厅长曾锦城有期徒刑15年。法院认定，1989年9月至1996年2月期间，曾锦城利用其担任河南省交通厅厅长和周口行署专员职务之便，收受他人贿赂并为他人谋取利益共计37次。收受人民币14.5万元，美金0.95万元，以及录像机、空调、电视机、照相机等贵重物品，价值人民币8.7万余元。二是张昆桐受贿100余万。2001年3月，河南省新乡市中级人民法院判处交通厅原厅长张昆桐无期徒刑。法院认定，张昆桐在担任河南省建设厅副厅长、交通厅厅长期间，先后受贿21次共计100余万元，另外还挪用公款10万元。三是石发亮受贿2000多万元。2006 年 8 月，湖北省荆州市中级人民法院对最高法指定管辖的河南省交通厅原厅长石发亮受贿案做出一审判决，以受贿罪判处其无期徒刑。法院审理查明，石发亮在任河南省交通厅副厅长、厅长期间，单独或伙同他人为 12 个请托单位或个人谋取利益，先后 23 次收受贿赂款、物资合计人民币1497万元、美元 48 万元、港币 36 万元。四是董永安受贿约3000万。2011 年 12 月，河南省检察院对董永安立案侦查。董永安被指控在其担任洛阳一拖集团公司副总经理、董事长，河南省安阳市政府市长，河南省交通厅厅长的职务期间，利用职务便利，非法收受他人现金1631万元人民币、4 万欧元、10 万港币、1 万美元，9.7 万元的购物卡、价值 2.3 万余元的金条工艺品五件；伙同他人受贿 940 万元人民币，并为他人谋取利益，涉嫌受贿罪。具有讽刺意味的是这些贪官在任时都有响亮的“廉政名言”。曾锦城在任时曾以写血书的方式给河南省委表白：“我以一个党员的名义向组织保证，我绝不收人家的一分钱，绝不做对不起组织的一件事……”张昆桐一上任便向河南省委领导表示一定要吸取前任厅长的沉痛教训，并提出口号：“让廉政在全省高速公路上延伸。”石发亮在刚上任时也表示要吸取张昆桐的教训，提出的口号是“一个‘廉’字值千金”，并将其细化成“两个原则”：“不义之财分文不取，人情工程一件不干。”董永安的名言是：要常修从政之德，树立正确的权力观，正确行使人民赋予的权力；要常思富民之策，把发展作为第一要务，全面开展各项工作；要常怀律己之心，时刻牢记“两个务必”，严于律己，自觉抵制各种消极腐败现象的侵袭。

其八，企业收购兼并的疯狂。有些企业钱多了，就疯狂地收购兼并，到处“跑马圈地”，最后弹尽粮绝，惨烈牺牲。“三九集团”和“德隆集团”就是比较典型的案例。“三九集团”首次危机爆发于2001 年8 月，中国证监会对其最核心企业三九医药（上海交易所代码：000999）做出通报批评，披露上市公司控股股东“三九集团”占用资金高达 25 亿元；2003 年，“三九集团”再陷债务危机，多达 21 家债权银行开始集中追讨债务并纷纷起诉,“三九系”整体银行债务被曝高达98亿元;2005年年末,“三九集团”掌门人赵新先被捕,再度激化了“三九危机”。“三九集团”是直属国务院国资委的“央企”,1985年,文职军人出身的赵新先创办深圳南方制药厂,挂靠于广州第一军医大学,并为其出资500万元,赵新先及其创业团队则为诞生之初的南方制药厂贡献了至关重要的三项发明——“三九胃泰”“壮骨关节丸”和“正天丸”。赵新先获得成功后,以突飞猛进的并购扩张速度打下庞大的企业集团,高峰时有400余家子公司和三家上市公司,涉足药业、农业、房地产、食品、汽车、旅游等“八大产业”。正是如此“追求规模最大化而非效益最大化”的发展路径,最终导致赵新先及其引领的“三九集团”走上了不归路。“德隆集团”是当年新疆最大的民营企业,曾经被称为中国民营经济的骄傲。掌门人唐万里曾是新疆八一中学的老师,1986年,唐万里帮助唐万新开设了一家彩扩店。后来兄弟二人来到了北京,开设了一家JJ迪厅,据说在这里他们挖到了第一桶金。1997年,他们设立了德隆投资公司,先后控股了湘火炬、新疆屯河和合金股份三家上市公司,德隆系就此形成。这三支股票可不得了,齐头并进,不管市场如何波动,它们就是一个劲地往上涨,最高的时候股价上涨了20倍,市值超过了200个亿,德隆成为威震股市的第一猛庄。在这之后,德隆又开始了令人叹为观止的产业整合,他们先后投入巨资收购了170家公司,其中控股过7家上市公司,控制过10家金融机构,迅速打造了产业加金融的民营企业帝国。由于摊子铺得过大,步子迈得过快,最终导致了资金链的断裂,德隆帝国被德隆人自己推倒了。2006年,德隆站在了被告席上,唐氏三兄弟当中的唐万新以非法集资和操纵证券市场价格罪被判刑8年。他的哥哥唐万里辞去了全国工商联副主席的职务,他的弟弟唐万川潜逃国外。当年,被鲜花簇拥的德隆帝国被扫进了历史的角落。

其九,造假的疯狂。经济数据可以造假,GDP增长、个人可支配收入、消费物价指数、失业率等,总让人感觉被拉高或被拉低,发布的指标与公众实际感受不一样。如果说宏观经济数据百姓无法查实,那么消费品的造假、官员身份的造假可是千真万确的。我们曾经历了三聚氰胺、苏丹红、瘦肉精、地沟油、毒馒头、假酒、假烟、假药、假羊肉等事件。官员的假学历、假年龄、假经历、假民族,甚至假姓名,可谓无所不包、无所不能。比较典型的当属河北省石家庄市政协常委、团委副书记王亚丽了。经查,王亚丽档案中的姓名、出生日期、父母身份、干部录用、入党等基本情况均虚假,并采取弄虚作假等不正当手段谋取不同级别的领导职务。2009 年 5 月 27 日,石家庄市委决定免去王亚丽石家庄市共青团委副书记职务,对王亚丽的党员身份不予承认,给予开除公职处分,其涉嫌犯罪问题移送司法机关处理。同时,研究决定对王亚丽一路升迁过程中违规操作的 10 多名党政领导干部给予相应处理。“浑身是假”的王亚丽是如何一路过关斩将,从一名初中没毕业的普通农村女子,一步步升至市团委副书记的呢?王亚丽原名丁增欣,原籍是河北省无极县张段固镇西验村人,从初中退学后,有段时间跟着红白喜事的民间唢呐班子唱歌跳舞,直到 1989 年做了无极县“能人”老板王破盘的“干女儿”后,改名工亚丽。张段固镇派出所户籍资料显示,丁增欣为张段固镇西验村人,父亲丁小锅,母亲张英勤,还有个弟弟丁增虎,丁增欣 1969 年 9 月 1 日出生。1996 年 1 月,王亚丽结识了石家庄市交通局长王志峰,在其帮助下进入交通局稽征处任人事科副科长。与此同时,以“干部调动”的名义办理了石家庄户口。1997 年年底,王亚丽离开王破盘,涉嫌卷走王破盘 110 万美元的建楼款。1998 年年底,王志峰涉嫌贪污被调查后逃往国外被“双开”。王亚丽则已与时任石家庄市新华区党委书记张振江关系密切,2001 年 8 月,已升任石家庄市委常委、市政法委书记的张振江,提拔王亚丽至西柏坡纪念馆任馆长助理,正科级。2002 年,王亚丽受西柏坡纪念馆书记耿振环、馆长赵贵世的举荐,经市委组织部核准后成为年轻后备干部,2002 年 8 月到 2003 年 9 月,作为市委组织部培养的后备干部，王亚丽到鹿泉经济开发区做挂职干部，任开发区科技副主任。2003 年 9 月，王亚丽挂职期满后，已时任石家庄市市委副书记的张振江，多次向时任鹿泉市委书记的张国亮举荐王亚丽，后来王亚丽任鹿泉开发区党委书记。后再次受到推荐任团市委副书记，又成为最“年轻”的市政协常委。为符合任团市委副书记 30 岁以下年龄要求，2003 年 7 月 4 日，王亚丽将户口自石家庄市宁安路派出所辖区迁入鹿泉市获鹿镇，此时，王亚丽的身份证和原户口上的出生日期是 1973 年 12 月 24 日（比原户籍出生日的 1969 年 9 月小了 4 岁多）。而在 37 天后，王亚丽再次从鹿泉市迁回石家庄时，她的身份证和出生日期则被更改为 1978 年 12 月 24 日，又小了 5 岁。2008 年 8 月 8 日，王破盘突发疾病去世，未留下一句遗嘱，作为石家庄金华停车服务中心的法人代表兼董事长，他留下了一座价值 4.5 亿的在建大厦。王破盘去世后，他的子女王翠棉、王中信等人遭遇了离奇一幕，一名陌生女子自称王破盘亲生女儿，报警要进行尸检。此后，她提出自己是唯一遗产继承人。这名女子便是时任石家庄市团委副书记的王亚丽。王破盘突然去世后，已经担任石家庄市团委副书记的王亚丽以王破盘干女儿的名义，非法更改王破盘企业的工商登记，侵占了本应归属王破盘子女的 4.5 亿遗产。

还有诸如疯狂的“三公”消费、疯狂的楼堂馆所、疯狂的公职人员福利低价分房、疯狂的领导干部超大办公室、疯狂的垄断企业高管收入、疯狂的情妇、疯狂的飙车、疯狂的学生作业和补课、疯狂的环境污染等，就不一一阐述了。

为什么会疯狂？概括起来不外乎以下几点原因。

第一，膨胀的欲望。有句话说得好，欲壑难平。人的欲望如果得不到控制而任其膨胀，说不定会干出什么伤天害理之事，任何事都有个边界，真理再往前一步就可能成为谬误。特别是有权有势之人，其欲望膨胀会造成更大的危害。

第二，盲目的幻想。幻想的最大特点是脱离实际，不顾客观实际就敢于盲目乱干之人,什么不靠谱的事都可以想出来,什么不靠谱的事都可以干出来。幻想最大的诱人之处是以伟大的理想呈现,总想把人们尽快带入理想的天堂,所以总会有众多的人盲从,但是历史反复证明,凡是想把人们带入天堂的人,最终进入的往往是地狱。

第三,无知的狂妄。无知往往会无畏,无畏往往会狂妄,其不知天有多大,地有多厚,所以天不怕地不怕,什么法律什么道德统统不在话下,凡此等一般都是有权有势的人。无权无势无知的人虽多得是,但狂妄不起来,狂妄了也弄不出多少动静。

第四,从众的心理。人大多都有从众心理,社会上从众的现象比比皆是,这本身并不是什么坏事,从众也意味着学习,意味着跟上时代步伐。但是,从众的事不一定都是正确的事,有很多众人都在干的事,恰恰是非常错误的事。此种情况古今中外的事例太多了。

第五,制度的缺陷。膨胀的欲望、盲目的幻想、无知的狂妄和从众的心理,都需要有科学的社会制度来制约、来矫正。好的制度,可以使坏人变好人;不好的制度,可以使好人变坏人。不论是历史上的疯狂,还是现实的疯狂,社会制度的缺陷都在起着至关重要的作用。

然而,历史的经验反复证明,任何疯狂最终都是要付出代价的,或迟或早,总会到来;不论怎么疯狂,最终都逃脱不了如来佛的手心,逃脱不了客观规律的惩罚。让我们还是规避疯狂,回归理智,减少盲目性,增强科学性吧!

写于 2013 年 10 月

第六十九谈

社会主义核心价值观与公民个人

以习近平同志为总书记的党中央执政以来,有一个十分清晰的脉络,就是"一个理想,两个主线"。一个理想,就是实现中华民族伟大复兴的中国梦。两个主线,一个是推进国家治理体系和治理能力的现代化,一个是培育和践行社会主义核心价值观。有人可能认为,这些不是很空吗?似乎看不见、摸不着。其实一点儿都不空,是很实实在在的。就中国梦来说,我们中华民族在人类历史上曾长时间辉煌过,现在来实现复兴,不是很正常吗?同时,中国梦可以凝聚所有中国人的心,包括台湾、香港、澳门,以及所有海外华人,是最能被普遍接受的,这不是很实在的吗?国家治理体系和治理能力的现代化,笔者将其概括为:严管公权力,放宽民权力,全面依法治国。这还看不见、摸不着吗?培育和践行社会主义核心价值观,在国家层面倡导富强、民主、文明、和谐的价值目标,在社会层面倡导自由、平等、公正、法治的价值取向,在公民个人层面倡导爱国、敬业、诚信、友善的价值准则。这些都是实实在在的。

人类社会有物质需求和物质生产,人类社会同样有精神需求和精神生产。自古以来,面对人类社会的精神需求,东、西方形成了两大价值体系。东方是通过先秦诸子百家争鸣,形成了以儒家思想为核心的价值体系;西方是以古希腊哲学为基础,形成了以中世纪文艺复兴人本主义为核心的价值体系。有人将二者分别抽象为集体主义和个人主义。

社会主义核心价值观站在了人类社会的制高点，与中国特色社会主义发展要求相契合，与中华优秀传统文化和人类优秀文明成果相承接，是集东西方优秀文明成果之大成的科学价值观。它是在面对世界范围内思想文化交流、交融、交锋形势下价值观较量的新态势，以及改革开放和发展社会主义市场经济条件下思想意识多元、多样、多变的新特点的大背景下提出来的。

改革开放以来，我们取得了辉煌的物质文明成就，人们享受到了丰富的物质文明成果，但是精神文明并没有得到同步发展，且大有滑坡之势。在国内，精神颓废、诚信缺失、假冒伪劣、腐败盛行、两极分化的问题十分严重。国际上，我们也没有因为钱多了、购物多了而改变了多少形象，土豪、山寨、大妈、城管等倒是成了一些中国人的代名词，还有随地吐痰、随手丢垃圾、大声喧哗、到此一游、闯红灯等恶习在很多中国人身上表现出来。这不能不引起我们的深思。可见，只有物质文明，而没有精神文明的同步发展，中国人在世界上是不能真正站起来的，中华民族伟大复兴的中国梦也是难以真正实现的。

国家、社会、公民三个层面的核心价值观，核心都是人的问题，基础是公民个人层面的爱国、敬业、诚信、友善的价值标准的实现。爱国就是热爱我们的国家，有“天下兴亡，匹夫有责”的爱国精神，才能承担时代赋予的使命；敬业就是敬重我们的工作和事业，有“善学者能，多能者成”的敬业作风，才能把握人生出彩的机会；诚信就是诚实守信，有“以信立身，以诚处世”的诚信品格，才能赢得良好的发展环境；友善就是友好善待，有“取人为善，与人为善”的友好态度，才能形成和谐的人际关系。作为中华人民共和国的公民，如何与国家对公民提出的价值标准对接呢？笔者认为，最主要的就是把公民个人的理想和行为与国家提出的价值准则联系起来，让“爱国、敬业、诚信、友善”的价值准则成为公民个人在社会上安身立命的行为准则，由此走出好的人生路子。

什么算好的人生路子呢？

首先，做一个正常的人。之所以提出这样的问题，是因为现实中有很多人不正常，做一个正常人并不容易。正常人的标准是什么？说起来很简单，就是要心态良好，体力、智力、心力“三力”统一。心态良好，那就要有健康的人格，开阔的胸怀，控制心病，不畸形，不变态，做君子，不做小人，起码做好人，不做坏人。体力、智力、心力“三力”统一，那就要有健康的体魄，科学的思维能力，良好的心理承受能力。看看我们的孩子，有多少是正常的。他们从小就背上了沉重的学习负担，书包不断加大加重，甚至用拉杆箱。他们每天起早贪黑地学，不分节假日地学，除了学校灌输的知识不断扩展和前移，家长还比着赛加码，今天学音乐，明天学美术，后天学奥数。这些置孩子的身体于不顾，置孩子的心理于不顾，扼杀了孩子的童心童趣，扼杀了孩子的天赋特长，还美其名曰“不能输在起跑线上”的行为，其实按一个正常人的标准已经输在了起跑线上，对此家长们还浑然不知。再看看我们的成年人有多少是正常的。有些人忙于应酬、疲于奔命，有些人违心做事、失去自我，有些人欲壑难平，有些人穷困潦倒，有些人热衷于歪门邪道。

其次，做一个有用的人。所谓“三百六十行，行行出状元”。各行各业、各种职业都是社会的关系链，一环扣一环，互相联系，互相依存。个人首先要扬长避短，有可能再扬长补短，要弄明白自己的最大长处和最大短处是什么，从而找到适合自己的定位。一个人若能把个人的天赋、长处与个人的工作、事业融为一体，那将是十分快乐的。起码要干一行、爱一行、干好一行。各行各业都有高人，都有我们的学习榜样；各行各业都是中才多、高才少，也不要刻意地都去追求成为高才，那样会太累，只要努力就好。

再次，做理论与实践结合型的人。这是更高层面的要求了，各行各业都需要有理论、有实践。一个人要大有作为，不管从事何种职业，都要走理论与实践相结合的路子；一个组织要大有作为，不管它是干什么的，也都要聘用理论与实践相结合的人。成为理论与实践结合的人，做微观的事能够有宏观思维，做眼前的事能够有长远眼光。人之所以是人，与其他动物有本质区别，就在于人有思维能力，能思考。其他动物有本能、有技能，但没有思维能力，不能思考。思维、思考是人的长项，也应该是人的乐趣，要懂得充分利用，把实践上升为理论，用理论指导实践，从而把事干得更好、更科学。现实的问题往往是理论与实践相脱节，搞实践的不研究理论，高不了；搞理论的接触不了实践，深不了。

人生的路子千万条，但归结起来只有两条：正确的和错误的，或者说成功的和失败的。这种正确和错误、成功和失败，还不能仅用外在的表象来衡量，即当了多大官，挣了多少钱，出了多大名。这些固然是成功，但其中不乏人生的失败者，而平平淡淡的人也不乏人生的成功者。所以说仅仅看外在表象不行，更主要的是自我感觉和公众的评价。笔者认为，自我感觉良好，觉得活得有意思、有意义，别人觉得你也不错，这就是正确的、成功的人生路子。人不可能都成为轰轰烈烈、叱咤风云的人物，还是普普通通、平平淡淡的人居多，这与人的才能构成是相同的。纵观各行各业、各个层次的人群你就会发现，高人是少数，中才居多，太差的也是少数。这种内在的才能与外在的相貌也是相同的。人们都追求漂亮，但真正漂亮的人是少数，一般的居多，太难看的也是少数。同时社会对人才的需求也是高才少，中才多，与人才的构成是相称的。所以对于大多数人来说，不要有过高的欲望，刻意地追求高精尖。看人家当官你也想当官，看人家赚钱你也想赚钱，看人家出名你也想出名，达不到目的就气愤、就抱怨，弄得整天别别扭扭、无精打采。别人的没学来，真实的自我也丢了，结果是不伦不类、一事无成。

中央电视台曾有个《东方之子》节目，那里介绍的是现实中各行各业的成功者，有思想家、政治家、企业家、科学家、艺术家，也有普通教师、医生、工人、农民。他们都是成功者，都有一条正确的人生路子。笔者认为，他们都是高人，高就高在都达到了一种自自然然的境界。他们的这种境界，不仅具有高才学，而且具有高修养。这很不容易啊！因为人群当中，多数人都会被世俗所困扰，人云亦云，能够超凡脱俗、静下心来，坚定地走自己的路，扎扎实实做点事的人还不够多。春秋时期有位大哲学家老子，写了一部《道德经》，讲的是宇宙自然、人生社会之大道，核心是顺其自然、无为而治；吕叔湘是大语言学家，但他的文章却朴实得连一句华丽的辞藻也不用；老舍是大文学家，但他的文学作品却是那样的自然流畅；习近平同志是国家最高领导人，讲话那样的通俗易懂，就像和百姓唠家常一样。他们的朴实无华、自然流畅、通俗易懂的背后渗透着高深的思想，揭示着深刻的道理。而那种一味哗众取宠、堆砌辞藻，讲求高大全的文章和讲话则是一种肤浅。人生也是一样，自自然然才是真，潇潇洒洒才是美。

当然，做人不能放弃进取和奋斗。没有进取和奋斗，人活着就没劲了，生命的运动也就等于停止了。笔者反对的是脱离主客观实际的想入非非，没有积累到一定境界的过高奢望，甚至是不经过努力奋斗的痴心妄想。

在人生的道路上保持一个良好的心态，具有一个博大的精神世界，使我们对工作和生活充满兴趣和乐趣是十分重要的。人是高级动物，除有物质的需求、精神的需求外，佛家认为，还有灵魂的需求。大千世界，物欲横流、纷繁复杂，使人们会产生各种各样的烦恼，这叫心病。心病比体病要难治得多。得了心病就会使你思虑过多、工作没劲、生活没趣，甚至会变态，步入歧途。实际上，各种苦恼都是由“我”而生，都是没有正确地认识自我，把自己摆在了一个不正确的位置上。一位哲人说得好：一个人最终的对手就是他自己。苦恼的人有一个共同的特点，总觉得社会对他不公，别人对不起他。大体有三种情况：一种是别人有的他都想有，别人得到的他都想得到，事实上是不可能的。不可能，他就生气、就不平衡、就苦恼。另一种情况，应是他的，但是阴差阳错就是得不到，这也是客观存在。自古以来，多少英才终身不得志，有的甚至还蒙受了不白之冤，看不开、想不通，就会形成心病，搞坏身体。再有一种情况就是，他本来挺好，该有的他都有了，但他心眼小，小到了疑神疑鬼的程度，总觉得周围的人和他过不去，实际上谁也没和他过不去，而是他自己和自己过不去，结果是人为地臆造出很多事情来折磨自己。这种心态、这种精神状态，怎么能做好工作、搞好学习？怎么能有生活质量？身体也难以搞好啊！

要知道，历史的长河奔流不息，茫茫宇宙浩瀚无际。离开了谁损失了谁都无所谓，丝毫影响不了历史的前进和宇宙的运转，而对于个人来说却是百分之百的损失。所以，不要把自己看得过重，也不要把自己看得太轻。

把自己放在大的时空中去思考，有助于正确地认识自己。这里我们不妨讲一点儿时空。宇宙是一个浩瀚的时空，研究资料表明，宇宙的存在大约有 150 亿年，地球的存在也有 46 亿年。相比之下，人类的历史还是很短的，地球上出现猿类（按进化论学说解释）不过 4000 万年，形成完全的猿人最早不过 300 万年，形成智人最早不过 20 万年，新石器时代距今也只有 1 万年，人类文明史不过5000年。宇宙空间简直大得不得了，据观测研究，大约有 10 亿个同银河系类似的天体系统，而银河系中像太阳这样的恒星就有两千多亿颗，太阳系中至今就发现有 9 大行星围绕着太阳转，地球只是其中的一颗。宇宙这么庞大悠久，相比之下，我们一个人算得了什么，一个人的本事再大又有什么了不起。但话说回来，一个人的生命又是珍贵的、难得的。宇宙那么庞大，仅太阳系就有九大行星围绕太阳运转，但至今发现有生命存在的只有地球，而人作为万物之灵更是难得。所以，我们每个人都要善待生命，珍惜生命，要让生命有意义。怎么有意义？那就要好好学习、好好工作、好好生活，对人类社会有所贡献。最起码的就得干事，干好你眼前的事，干好你手头的事，不能仅当消费者不当劳动者。有人认为，多干了就吃亏了，不干事才是占便宜。这种想法是大错特错的，干事才能增长才干，才能不断寻求到发展机遇，才能使生命有意义,同时还能摆脱各种烦恼,这怎么是吃亏呢?笔者发现,越是不干事的人,烦恼越多、心事越重。试想一下,你干事是在过着同样的时间,不干事也是在过着同样的时间,为什么要让生命白白地毫无意义地度过呢?我看这才是最大的吃亏。

总之,只要保持一个良好的心态,生命之树会常青,即使生理年龄大了,也不觉得自己的人生苍老无力。这里有一个老与不老的观念问题。人们通常都是用年龄来划分一个人的老与不老,其实这很不合理。人的老与不老重要的不在于年龄大小,而在于他是不是不断地学习、勤于思考、热爱工作、热爱社会、热爱生活。有的人虽然年轻,但不学习、不思考、暮气有余、热情不足,实际上他已经老了,不适应形势了;而有的人虽然老了,但他不断地学习、勤于思考、热爱工作、热爱社会、热爱生活,实际上他永远老不了。不断地学习、勤于思考,想问题、办事情就能站得高,看得远,处理问题就能灵活自如、游刃有余。国务院发展中心研究员、经济学家吴敬琏 84 周岁,还活跃在社会舞台上,对我国改革开放和市场经济做出了重大贡献;连续 15 年蝉联华人首富的李嘉诚 88 周岁,目前还执掌着长江实业集团;中科院院士、“两弹一星”功勋科学家、2013 年度国家最高科学技术奖获得者程开甲 96 周岁,还工作在科学技术舞台上;杰出的语言文字学家、汉语拼音创始人、1954 年前的复旦大学经济学教授、曾与爱因斯坦面谈过的唯一一个中国人周有光 108 周岁,2013 年笔者还看过他的最新观点。他们老了吗?没老。年轻成大事的大有人在,古有贾谊、霍去病,近有马云、马化腾、李彦宏、俞敏洪。社会上往往有一种现象,就是年老的人瞧不上年轻的人,年轻的人瞧不上年老的人。笔者认为,人生是一个过程,上天对谁都是公平的。年老的不必在年轻人面前自卑,都曾年轻过;年轻的也不必在年老的人面前自傲,最终都得老。人不到那一阶段就不知道那一阶段的事,也理解不了那一阶段的事。笔者认为,团队建设,还是老中青或中青老或青中老组合为好。

还有个累与不累的问题。常听有人说，谁谁谁真累，整天在忙，谁谁谁真轻松，整天没什么事。是不是整天忙的人就累，没事干的人就轻松呢？我觉得不是的。我从体力付出和精神状态的角度把人分为四种：有的人工作很忙，对社会的贡献也大，但他心胸开阔，精神充实，这种人体力上很累，精神上轻松，实际上并不累；有的人不干事或干不了事，但却想入非非，什么便宜都想占，得不到就认为别人和他过不去，这种人体力上不累，精神上却不轻松，实际上他很累；还有的人工作很能干，也很认真，但心胸不开阔，精神负担重，这种人体力累，精神也累，实际上是最累的；还有一种人体力上没什么付出，精神上也比较愉快，不胡思乱想，这种人是轻松的，但对社会对自己都没什么益处。

笔者看最好还是做第一种人，这要有良好的修养才能做到。最不好的是第二种人，这种人可以说是可悲的人，因为他认识不了自己，看不清自己。他们自己认为自己比谁都强，而在群众看来他比谁都差，反差太大。难以取别人之长，补自己之短，很难进步。鲁迅所说的"人贵有自知之明"，道理也就在这里。

心理素质也很重要。有的人心理素质差，承受不了事，既承受不了成绩和奉承，也承受不了失败和非议。在成绩和奉承面前，他不知所措，飘飘然了；在失败和非议面前，他垂头丧气，一蹶不振。有人甚至小心眼到疑神疑鬼的程度，觉得周围的人谁都和自己过不去。实际上谁也没和他过不去，而是他自己和自己过不去，结果是人为地捏造出很多事。这样的人其他素质再好，也干不成事或干不好事。能力素质会因心理素质差而难以发挥，身体素质也会因此而垮下来。笔者觉得人经常从心理上调整自己很重要，有一个调整办法可供参考，这就是：当你取得了成绩，有了荣誉，觉得满足的时候，你要比一比比你强的人，特别是你曾经的同学、同事、朋友，这样会促使你不断进步、进取；当你遇到困难，感到地位低下，觉得不满足的时候，你要比一比比你差的人，特别是你曾十分熟悉的人，这样会使你满足，增强信心,看到光明。一个斤斤计较个人利益的人,能力再强,也不会干成多大的事,别人也难以接受他。有的人很有能力,但他处理不了大利益和小利益的关系,使能力得不到很好的发挥,这里面也有个利益观问题。实际上,一个事业心强的人,他在干事业,为社会做贡献,使自己的聪明才智得以充分发挥的同时,自己的利益也就包括在其中了,这是从大处着眼于利益;而有的人从小处着眼于利益,一事当前先替自己打算,把眼前的小利益看得很重,往往因小失大,有才能也终将一事无成,实际上他们在抓小利益的同时,已经把大利益丢掉了。

写于 2014 年 6 月

第七十谈

教育应为体力、智力、心力之统一

教育，顾名思义是教和育的统一，通常指的是学校对儿童、少年、青年进行培育的过程。学校教育不等同于灌输知识，素质教育不等同于更多地灌输知识。现在我国教育的主导方面有一个误区，就是素质教育要更全面更多地掌握知识。所以，课程设置越来越多，课程内容越来越多，知识内容不断前移，初中的往小学移，高中的往初中移，大学的往高中移。现在又大谈什么取消高中文理分科，并错误地认为文理分科是导致学生素质下降，不能出现诺贝尔奖获得者的原因。

笔者认为，教育应该使受教育者达到体力、智力、心力（心理）的统一，绝不仅仅是灌输知识，更不是灌输的知识越多越全面越好。目前，我们教育的最大弊端恰恰是课程设置太多、课程内容量太大，压得学生和教师喘不过气来。学生从小就背上沉重的知识负担，起早贪黑地学，扼杀了孩子的童心童趣，扼杀了青少年的天赋兴趣特长，致使其身体不支、心力不济。如此，知识再多又有何用？况且，现代信息社会是知识爆炸时代，知识是会随时随地源源不断地生产出来的，一个人在学校不可能学尽所有知识。

学校教育的关键是培养学生获取知识、消化知识、转化知识的能力。同时，最大限度地发挥学生的天赋兴趣特长，强其身体，炼其心力。

当前教育改革最重要的应是减轻知识负担,把所有课程内容均砍掉三分之一,让青少年全面成长。

有的人把目前的教育问题归罪于高考制度,这是不恰当的。现行的高考制度,一考定终身固然有问题,但这不是当前的主要问题,主要问题是知识负担太重。把知识内容砍掉三分之一,高考可照样进行。有人认为,课程内容少了,高考分数不好拉开距离,这是不可能的。有考试就会有分数差别,与所学内容多少没有多大关系。

在中国,目前民主法治不完善,在关系盛行、腐败强势的社会环境下,取消高考是不可行的。但可一年多考,也可采取"高考分数+特长"的办法录取学生,且特长必须在原高中学校公示,接受公众监督。

回顾中华人民共和国教育史,我们可以说走了两个极端:"文化大革命"我们走上了"知识越多越反动",工人阶级、贫下中农管理学校的"读书无用论"的极端;改革开放后我们又走上了知识至上、无限增量的极端,使学生成了知识的奴隶。现在该是用科学发展观很好地反思一下我们的教育理念、思维方式、体制制度的时候了。如此,我们经济的健康可持续发展才有保障。

写于 2011 年 4 月

第七十一谈

学与悟

大学问是学出来的还是悟出来的？笔者认为是悟出来的，或者说主要是悟出来的，而不是学出来的。回顾历史，我们可以清楚地看到，真正的好东西是前人所没有的，那学谁的呢？只能是悟出来。譬如，伏羲的《易经》、八卦，老子的《道德经》，孔子的《论语》；古希腊苏格拉底、柏拉图、亚里多德的哲学；牛顿的万有引力定律，爱因斯坦的相对论等，它们都是悟的结果，而不是学的结果。当然，悟离不开学，学更离不开悟。一个有成就的“悟者”，首先肯定是一个热爱学习、善于学习的“学者”；反过来，只是一味地学，而不去系统地、认真地、深刻地悟，就不会有大成就。

悟最主要的是能够抓住事物的本源，找到事物的规律，再将其展现出来，进而形成学说，贡献给人类。

我们的《易经》《道德经》《论语》至今还是东方文化的经典；古希腊哲学乃是当今西方政治文明和政治制度的理论基础；万有引力定律和相对论仍是现代物理学的基石。这些“悟者”对人类社会的伟大贡献是不言而喻的。

写于 2011 年 10 月

第七十二谈

大才与大势

大才必须借大势才能成大事。有大才而没有与其相匹配的大势，必将难成大事；而大势降临，没有大才出现，也难成大事。

毛泽东、周恩来等是共产主义者的大才，可激流勇进、力挽狂澜，但他们的成功，还要得益于当时共产主义潮流的大势。20 世纪初期，资本主义面临着世界性大危机，经济萧条、政治动荡，爆发了两次世界大战，人类社会何去何从的问题摆在了人们面前。此前诞生的马克思主义，已形成了系统的共产主义理论；彼时列宁在苏联获得了布尔什维克的胜利；中国在孙中山辛亥革命的推动下，人们开始了睁开眼睛看世界，各种思想纷至沓来，中国究竟走什么道路的问题摆在了人们面前。是复辟中国的皇帝制，或是走美国的共和制，还是走苏联的共产制，需要做出历史性抉择。最终经过以毛泽东为首的中国共产党人大才们艰苦卓绝的奋斗探索，中国走上了社会主义道路。

追溯历史，同样如此。春秋战国时期天下大乱，结束战争，实现统一则是大势所趋，恰好秦国经过十几代君王的积累，最终又出现了雄才大略的秦始皇嬴政，大才借大势，终于统一了天下，同时又统一了货币、文字、度量衡等，实行郡县制，加上西汉王朝“罢黜百家，独尊儒术”统一思想，使皇帝制在中国延续了两千多年。

秦始皇的统一是很了不起的大事，比较一下欧洲的现实我们就十分清楚了。欧洲国家众多，他们也一次次地谋求过统一。历史上也曾多次尝试过用战争统一，马其顿的亚历山大、罗马的凯撒、法国的拿破仑、德国的希特勒无不想形成一个统一的欧洲；现在的欧盟正在尝试着和平统一，虽然欧元统一了，财政却没统一，又加之遇到了主权债务危机，即使将来实现政治统一，公、检、法、外交等都统一，却是个漫长过程。试想，如果没有秦始皇的统一，中国也会像欧洲一样，遇到同样的现实问题。为此，我们应该庆幸，但皇帝制的历史之长也害苦了中国，没有及早地形成民主法治政治和市场经济，导致了全面落后局面。

写于 2011 年 11 月

第七十三谈

天灾与人祸

人类社会的历史,从某种程度上说就是天灾人祸的历史,或者说就是不断战胜天灾人祸的历史。但是深刻反思起来,人祸则大于天灾,这就很值得研究了。

天灾属于自然灾害,往往难以预测、难以控制,比如地震、海啸、龙卷风、冰雪灾害等,当然,有些天灾也是人为间接造成的。任何大的天灾都会导致大量的死伤者,而人类自己制造的人祸死亡人数却往往大于天灾。远的不说,就近百年来看,两次世界大战死伤了多少人?冷战时期美苏争霸的朝鲜战争、越南战争、阿富汗战争死伤了多少人?我国的"文化大革命",横扫一切牛鬼蛇神、整党内走资本主义道路的当权派、各派红卫兵武斗又死伤了多少人?而同期的自然灾害又死伤了多少人呢?恐怕远没有人祸死伤的人多。

为什么人类自己制造的人祸的伤害程度要大于天灾呢?核心是公权力失控,而导致公权力失控的根本原因是制度安排不科学。比如,皇帝制度在我国延续了两千多年,那种制度皇帝具有绝对的公权力,所谓天授神权而号称"天子",由此制造的人祸可以说不计其数。在此制度下,多少男儿被阉割成太监、多少美女惨死宫闱、多少贤臣良将被冤杀,乃至株连三族、九族,更有无数人因人祸导致百姓大面积家破人亡、流离失所。

现实中,人们对社会最不满的就是腐败。缘何腐败者前仆后继、愈演愈烈,根本的原因还是当今社会存在着大量的绝对公权力和导致这种绝对公权力的不科学的制度。绝对的权力必然导致绝对的腐败,因此必须改革形成绝对公权力的制度,还权于民。改革的核心是还权于民,落实公民的选举权和被选举权,形成民选官、民管官的制度,改变官选官、官管官的制度。

写于2012年2月

第七十四谈

人是万物之灵,也是万物之害

人的很多奥秘是无以言表的,与其他动物相比,人类享有着诸多恩惠。人既可以食肉,又可以食草,其他动物或者食肉,或者食草,兼食的极少。人一年四季都可以性爱,其他动物一般是一年一次性爱。人可以思考、记录、留存、传播、传承,其他动物不能。所以,人是万物之灵。

但人也是万物之害。好多坏事都是人干出来的。乱捕滥杀,很多动物濒临灭绝;乱采滥挖,使很多植物濒临灭绝;工业污染、乱扔垃圾,使生态环境严重恶化。

所以,人需要节制,节制,再节制!

写于2017年2月

第七十五谈

不可违“道”

我们有个伟大的先人，叫老子，他著有一部伟大的著作，叫《道德经》。《道德经》认为，道是万物的总源头，道生万物，万物归于道；道法自然，道就是自然；道无为却无不为；人是万物之灵，但同样源于道、归于道。

纵观人类社会历史，无论是任何国家，还是任何个人，什么时候合乎道，什么时候就顺利、就前进；什么时候违背道，什么时候就挫折、就灾难。如自由资本主义时期的各资本主义国家违背道，恶性竞争，到处攻城略地、掠夺原料、倾销商品，带来了严重的经济危机和政治危机，导致了两次世界大战。社会主义中华人民共和国建立后，曾在一个时期违背道，搞人定胜天，以阶级斗争为纲，大跃进、人民公社，结果带来了一系列灾难性后果，使国民经济到了崩溃边缘。2008年源于美国的次贷危机和随后的欧洲主权债务危机，同样是违背道的恶果，美国给没有偿还能力的人大量发放房地产贷款，并将次级贷款证券化不断进行产品衍生，使其离源头越来越远，当房价不断下跌，贷款坏账不断增大，危机也就到来了；欧洲一些国家大量举债，远超过财政承受能力，过度给予公民社会保障，从生到死无所不包，使很多人躺在了社会保障上，缺乏了劳动动力和财富创造力，危机出现当属必然。

个人也同样如此。有的官员，官越当越大，离道却越来越远，贪污腐败、纸醉金迷、生活腐化，最后被双规判刑；有的商人，钱越挣越多，离道却越来越远，吃喝玩乐、昼夜颠倒、过度消费，身体也就过早地报废了；有的名人，名气越来越大，离道却越来越远，道德沦丧、弄虚作假、争名夺利，结果则臭名远扬了。

写于2012年3月

第七十六谈

不存在先做人后做事的事

常常有人问：是先做人还是先做事？还有人教导别人，先做好人，才能做好事。笔者认为，做人和做事是同时进行的，不能分开，也无法分开。不存在先做人后做事的事。

一个人从懂事开始，就在学着做人做事。随着时间的推移，做人做事的差异也就显现出来了。有的人做人做事地道，有的人做人做事不地道。比如当你能够独立吃饭、穿衣、上厕所了，就是在地道地做人做事；当你上学了，能够好好学习，天天向上，就是在地道地做人做事；当你工作了，能够勤勤恳恳，任劳任怨，就是在地道地做人做事。而有的人自己能够做的事，自己应该做的事，自己却不做，老麻烦别人，甚至吆五喝六，包括自己的长辈、兄弟姐妹、亲朋好友，同学同事，这就不地道了。还有的人能够做好的事却不好好做，得过且过，敷衍了事，这也不地道。还有的不做好事做坏事，这就更不地道了。

通过做事可以体现出做人的好坏、格局、层次；做人的好坏、格局、层次又可以通过做事表现出来。

写于 2016 年 11 月

第七十七谈

重要的是做什么人

常听人说，做事先做人，要学会做事得先学会做人。可是我们发现在实际生活中，无论好人还是坏人都这样说、这样教育别人。这其中就有个严肃性问题了：究竟做什么人呢？好人和坏人的标准肯定不一样，对人、对社会的影响也会不一样。好人这样说、这样教育别人，传递的是正能量，使人受益、社会受益；坏人这样说、这样教育别人，传递的是负能量，使人受害、社会受害。

有当官者，自己贪污腐化、弄虚作假、圈圈套套，也教育别人学会“做人”。其所要求的“做人”，就是阿谀奉承，唯命是从，行贿纳贡，否则就是不会“做人”，轻则排挤、重则打击；有经商者，自己假冒伪劣、坑蒙拐骗，也教育别人学会“做人”，岂不知这样的人多了社会也就乱了；有为学者，自己旁门左道、不求真理、不讲科学，也教育别人学会“做人”，如此做人，社会也就没有是非曲直了；有为家长者，自己人没做好，教育子女做人则是如何说假话、投机取巧、占便宜，这样的做人，一害子女、二害家庭、三害国家。所以，做什么人的问题乃人之大事，是关乎个人、家庭、社会、国家的大事，千万不可小觑。

究竟做什么人呢？就是要做“爱国、敬业、诚信、友善”之人。这是社会主义核心价值观对公民个人的要求。爱国，就是要对祖国有深厚的情感、由衷的爱戴，以及相应的行动。做人一定要深深地懂得，没有国就没有家，个人的幸福、前途、命运始终是与国家的富强、前途、命运联系在一起的。爱国，就是要热爱祖国的土地、祖国的人民、祖国的文化，并为其添砖加瓦、呵护前行，促其繁荣昌盛。敬业，就是对所从事的职业要有敬畏之心，兢兢业业，尽职尽责。敬业，首先是择业，要选择适合自己的职业，而后就要全身心投入进去，深钻细研，做得好、做得精、无怨无悔。诚信，真实无妄叫作诚，不食言不欺瞒谓之信。诚信包含"礼于外，诚于心"，基本内容就是诚实、诚恳、信用。诚信是做人之本，诚信是为政之道，诚信是经商之魂。友善，就是友爱、和善，包含善待亲人、善待他人、善待社会、善待自然。善待亲人，可以和谐家庭关系；善待他人，可以和谐人际关系；善待社会，可以和谐社会关系；善待自然，可以和谐生态关系。

写于 2015 年 7 月

第七十八谈

我所体会的人生之道

第一,要有正确的价值观、是非观。此为总揽全局之道,关乎一个人的价值导向、格局大小、是非判断。

第二,最大限度地增强正能量,最大限度地减少负能量,保持良好的心态和积极向上的精神状态。

第三,着眼于长远人生,不要过度计较一时、一事的个人得失。

第四,做事要认真、细致,持之以恒,不要情绪化。

第五,要保持良好的学习、工作、生活习惯,要不断提高自己的学习、工作、生活能力。

第六,不要过度要面子,以避免“死要面子,活受罪”的尴尬。

写于2017年2月

第七十九谈

关于人的几个问题

把人作为研究对象，笔者觉得是很有研究头儿的。无论是自然人，还是社会人，都很有研究价值。作为自然人，就人体自身来说，还有很多奥妙没揭示出来，我们现在的科学还说不清楚。关于社会人，也有很多方面值得研究。下面笔者就体会较深的几个问题谈点粗浅看法。

一、关于人的才能问题

社会是一个庞大而复杂的系统，需要各种各样有才能的人来维系运行、求得发展。讲人的才能应分为高、中、低三个层次。笔者的看法是：高能的人和低能的人是少数，中等能力的人居多。一个智力正常的人，只要他经过努力，一般都能成为中层次的人才，但要成为一个高层次人才是很不容易的，需要具有良好的基础素质和付出艰辛的努力。纵观各行各业的人，大概都是这样，太差的是少数，中层居多，高才则很少。所谓"千军易得，一将难求"就是这个道理。我们的用人关键是把那些极少的高层次的人才选上来，让他们为帅。通过他们就可以驾驭一批人，就可以搞好一个地区、一个行业、一个单位，同时还可以带出一支好的队伍。我们都有这样的体会，跟一个高人，日久天长，潜移默化，受益匪浅，才干大增；而跟一个低人，才能无长进，干事没头绪，还往往很忙乱。

高人的本事就在于他不仅自己有本领，还能给人们创造出良好的干事环境、学习环境和生活环境。这里的高人是指具有高能力、高修养的人。所谓高修养，首先要有强烈的事业心和社会责任感，能够超越自我。一个斤斤计较个人利益的人，即使能力再强，他也不会干成多大的事，别人也难以接受他。有的人很有能力，但他处理不了大利益和小利益的关系，使能力得不到很好的发挥。这里也有个利益观问题。实际上，一个事业心强的人，他在干事业，为社会做贡献，使自己的聪明才智得以充分发挥的同时，自己的利益也就包括在其中了，这是从大处着眼于利益；而有的人从小处着眼于利益，一事当前先替自己打算，把眼前的小利益看得很重，往往因小失大，有才能也终将一事无成，实际上他们在抓小利益的同时，已经把大利益丢掉了。

衡量一种体制和机制科学不科学，标准应该是它能不能有效地使用人才，特别是高才；能不能最大限度地把人的积极性和创造性调动起来，并使之充分发挥出来。

二、关于人的素质问题

通常讲的素质很多，诸如政治素质、知识素质、业务素质、能力素质、身体素质等，这些都是必需的。但笔者还要强调两个素质，即基础素质和心理素质。

基础素质很重要，用组织上的话说就是有没有培养前途。有的人基础素质好，经过努力，就能成才，甚至成为高才；有的人基础素质差，经过努力，也难以成才。这一点，当教师的相对能看得清，因为来不得半点儿虚假，他面对众多的学生，行的就是行，不行的就是不行。有的人教一辈子书，却总也讲不好课，也勤奋了，也努力了，可就是不行；而有的人没教多长时间就教得呱呱叫，这就是基础素质问题。一些领导同志既能说又能写，这应是领导者具备的才能，但有的人能行，有的人就不行。为什么？能说能写是表现形式，其背后是思维能力和思想水平，这些来源于基础素质和日积月累。选人要选择那些基础素质好的人。

心理素质也很重要。有的人心理素质差,承受不了事,既承受不了成绩和奉承,也承受不了失败和非议。在成绩和奉承面前,他不知所措,飘飘然了;在失败和非议面前,他垂头丧气,一蹶不振。有人甚至小心眼到疑神疑鬼的程度,觉得周围的人谁都和自己过不去。实际上谁也没和他过不去,而是他自己和自己过不去,结果是人为地臆想出很多事。这样的人其他素质再好,也干不成事或干不好事。能力素质会因心理素质差而难以发挥,身体素质也会因此而垮下来。

三、关于人的理论与实践结合的问题

我们的社会最需要什么样的人?笔者觉得最需要理论与实践结合型的人,而且是能够将二者结合得好好的人。现在我们的问题是:无论是就社会整体而言,还是就个人的情况来看,较普遍的还是理论与实践脱节。即搞实务的不研究理论,不懂学术;搞理论的不接触实务,不懂实践。结果是:搞实务的高不了,只是简单地操作,粗放式管理;搞理论的深不了,往往是理论与实践相脱离,理论跟不上实践的步伐。搞市场经济,要逐步走向专家治国的路子。一个行业的最高首长,就应该选择那个行业最好的专家去担任,这样才能促进社会进步,这也是社会进步的标志。西方发达资本主义国家就做到了这一点,他们是专家治国。仅以美国国务卿为例,美国历任国务卿有很多就是大学教授,他们上来就能够自如地驾驭世界风云,下去还照当教授。原因是他们理论与实践结合得好,他们当教授时,不断地在研究实践;当国务卿后,也还不断地研究理论。

总的结论是:一个国家要强盛,必须起用那些理论和实践结合型,而且能够结合好的人。一个人要有作为,也必须走理论与实践结合的路子。

在理论与实践结合的基础上,还有一种人更应引起重视,就是既能放得开又能管得好的人。这种人控制能力特别强,他能很好地把握“度”的界限,能做到放之有度、管之得法。这需要有较高的造诣才能做到。现在的一些领导者在实务工作中,总是一放就乱,一管就死,对事业损失很大。有些人工作放不开,导致很多大好时机白白错过,影响发展;而有些人放得开,却管不了,同样会造成不应有的损失,也影响发展。正确的做法是:在放开的基础上强化管理,在管好的同时寻求放开。

四、关于人的驾驭能力问题

什么是领导能力?概括地说,领导能力就是驾驭人的本领。驾驭能力的高低取决于领导者各种素质具备的程度。一个伟大的领导者,可以灵活自如地驾驭世界风云,驾驭一个国家。而有些领导者也只能就驾驭一个地区、一个行业或一个单位。有的人当个环节领导还干得不错,群众威信挺高,而提到总揽全局的领导岗位就不行了,原因是职位上去了素质程度没达到。有人当副手很好,可当了一把手就不行了,原因也是如此。你当了领导,当了一把手,群众就要按领导、一把手的标准看你、要求你,若你没达到群众的期望值自然也就没有威信了。所以,对有的人没具备再上一个台阶的素质,硬拉上来,可能会一害工作,二害个人。当然基础素质好的,经过锻炼,可能很快会适应。这是讲驾驭别人。

笔者这里想着重说的是驾驭自己,这比驾驭别人要难得多。驾驭自己有三种情况比较难,即官、钱、名。有的人驾驭不了官,为民时可以,为官就不行了,有的当小官可以,当了大官就驾驭不了自己了,结果出问题不少;有的人驾驭不了钱,没钱时日子过得挺舒心,可钱多了就胡闹开了,驾驭不了自己了;有的人为名而奋斗的时候什么苦都能吃,什么累都能受,可一出了名就驾驭不了自己了,结果身败名裂的大有人在。有多少领导干部,包括很有能力的领导干部,由于管不好自己而功亏一篑、身败名裂?古往今来太多了。和珅能耐大不大?领导当得好不好?但却成了千古最有名的大贪官。管好自己难就难在能不能随时认清自己、把控自己,特别是当你有了权力、有了名气,别人都来捧你、吹你、给你唱赞歌的时候,你还能耐得住吗?你还能保持平常心吗?难啊!恰恰此时,危险就起步了、危机就开始了，只是你飘飘然浑然不知而已。

五、关于人的累与不累、老与不老的问题

常听人说，谁谁谁真累，整天在忙，谁谁谁真轻松，整天没什么事。是不是整天忙的人就累，没事干的人就轻松呢？答案是否定的。笔者从体力付出和精神状态的角度把人分为四种：有的人工作很忙，对社会的贡献也大，但他心胸开阔，精神充实，这种人体力上很累，精神上轻松，实际上并不累；有的人不干事或干不了事，但却想入非非，什么便宜都要占，得不到就认为别人和他过不去，这种人体力上不累，精神上却不轻松，实际上他很累；还有的人工作很能干，也很认真，但心胸不开阔，精神负担重，这种人体力累，精神也累，实际上是最累的；还有一种人体力上没什么付出，精神上也比较愉快，不胡思乱想，这种人是轻松的，但对社会、对自己都没啥益处。

笔者认为，还是做第一种人最好，不过这要有良好的修养才能做到。最不好的是第二种人，我把这种人视为可悲的人，因为他们认识不了自己，看不清自己。自己认为自己比谁都强，而在群众看来他比谁都差，反差太大。难以取别人之长，补自己之短，很难进步。所以鲁迅说“人贵有自知之明”，道理也就在这里。

关于人的老与不老，人们通常都是用年龄来划分的，其实这很不合理。人的老与不老重要的不在于年龄大小，而在于他是不是不断地学习、勤于思考、热爱工作、热爱社会、热爱生活。有的人虽然年轻，但不学习、不思考，暮气有余、热情不足，实际上他已经老了，不适应形势了；而有的人虽然老了，但他不断地学习、勤于思考、热爱工作、热爱社会、热爱生活，实际上他永远老不了。不断地学习、勤于思考，想问题、办事情就能站得高、看得远，处理问题就能灵活自如、居高临下，否则只能是坐井观天、鼠目寸光。

社会上往往有一种现象，就是年老的人瞧不上年轻的人，年轻的人瞧不上年老的人。笔者认为，人生是一个过程，生死对谁都是公平的。年老的不必在年轻人面前感到自卑，都曾年轻过；年轻的也不必在年老的人面前自傲,最终都得老。人不到那一阶段就不知道那一阶段的事,也理解不了那一阶段的事。要是团队建设,还是老中青,或中青老,或青中老组合为好。

六、关于企业人的问题

企业是社会经济的细胞,在市场经济条件下,它们都是独立的商品生产者和经营者。把握企业的现状和未来,只要抓住"人、财、物、产、供、销"这六个字和机制就清楚了。六个字的关键和首位是人。看企业的人,可分为三个层次,即帅、将、兵。一是帅,即董事长、总经理,他有什么样的经历、怎样的素质,这得要掌握;二是将,即副董事长、副总经理和各主要环节经理,他们都有什么经历、有什么本事、怎样的特点要掌握;三是兵,即员工队伍,特别是技能突出的员工,其来源、结构要掌握。

和企业打交道必须看准人,特别是搞银行的,由于与企业是同生死、共患难的关系,更要看准人。笔者的观点是贷款要坚持以人为本。企业的人不行,特别是为帅的董事长、总经理不行,坚决不能贷款。

目前,我们还没有把人看作是企业第一要素,把人才当作第一位的资本。而往往一片呼声是资金短缺,把资金看作是制约发展的最主要的因素,这是不准确的。不可否认,许多企业的资金确实短缺,制约了企业的发展,但这不是主要矛盾。主要矛盾还是人,因为人是生产力中最积极、最能动、最活跃的因素。资金是重要的生产要素之一,也是短缺的资源之一,但资金只有和优秀的人才相结合,才能产生出好的效益、才能实现优化配置、才能变为现实的生产力。在现实的经济生活中,大量的资金投放出去,由于没有与优秀的人才相结合,造成了严重的损失浪费。白白地扔掉短缺资金、资源的情况真是太多了,教训也是深刻的。相反,有了高素质的人,即便资金一时紧张,也终究能找到解决问题的办法,或者是能够用较少的资金获得较高的经济效益。但是,至今我们有些人看问题,还是没有把人当作第一位的要素，只研究如何跑资金，而不研究如何运用资金。

机制问题很重要。看企业，还要看它是在运用什么样的机制。好的机制可以很好地吸收人才、培养人才、使用人才，使人才有用武之地，能够充分调动使其发挥出积极性和创造力。相反，不好的机制下，即使有人才也不会很好地运用，甚至还会压制人才、打击人才，把人才赶跑。所以，机制是组合人的看不见的手。运用一个好的机制，可以实现人的最佳配置组合。国有企业的困难，首先的还是机制问题没有解决。比如，当董事长和总经理的就有这样一种现象很说明问题，叫作“多有本事不一定干得好，多没本事不一定干不了，干得多好自己也没好，干得多不好最后也倒不了”。这实际上说的还是机制问题没解决。

写于2010年4月

第八十谈

很多人为什么活得那么累

世上有很多人活得非常累,不仅体累,更是心累。由此导致不健康、亚健康,乃至抑郁症。原因当然很多,有客观原因,也有主观原因。就主观原因来讲,笔者认为主要有以下三点。

第一,欲望过高,压力过大。欲望一个接着一个,压力也就一个接着一个。如果能力不匹配,机遇不匹配,那更是“亚历山大”。

第二,搞不清自己的天性,不能扬长避短。学习、工作人云亦云,什么热学什么,什么热做什么,不管适合不适合自己。往往是拿自己的短处和别人的长处竞争,自然效果不佳,又累死累活。

第三,不顾主客观条件,盲目攀比。别人有的我要有,别人没有的我还要有。衣、食、住、行、用,教育、医疗、养老、就业等等,处处攀比,比不上就懊恼,累当属必然。

写于 2016 年 12 月

第八十一谈

社会人与职业人

人有自然属性、社会属性、职业属性。从自然属性讲，是自然人；从社会属性讲，是社会人；从职业属性讲，是职业人。

今天不讲自然人，那是人体科学的问题，与我们今天要讲的人关系不大。我们今天就讲社会人和职业人（通过保险职业人讲）这两个层面。

我们从事的职业，使我们成为保险人，但我们首先是社会人。

作为社会人，你在一个社会生存、发展，从事各种活动，应该对社会、对人（包括自己）有个比较清醒的认知，以增强适应性，减少盲目性。

需要认知的方面很多，本文只就思想、制度、人才、社会需要和个人如何对应谈点儿粗浅认识，与大家交流共勉。

古今中外，关于人和人类社会有诸多了不起的人在研究，产生了诸多伟大的哲学思想。从古希腊的苏格拉底、柏拉图、亚里士多德，到约翰·洛克、伏尔泰，再到马克思、恩格斯；从中国的先秦诸子——老子、庄子、孔子、孟子、荀子、韩非子，到朱熹、王阳明，再到孙中山、毛泽东。他们的哲学思想各异，但都首先揭示人的本性，即人作为社会人究竟是性本善，还是性本恶；是性本公，还是性本私。依据不同的哲学思想，会产生不同的社会制度，即人治还是法治。中国自西汉实行“罢黜百家，独尊儒术”后，一直是儒家思想占主导地位，那就是性本善了。传统的启蒙教育读本《三字经》,开头讲的就是人之初,性本善。推翻清王朝,混战几十年后,我们走上社会主义道路,改革开放前只能是性本公。西方的主流哲学思想是性本恶,古罗马时期就出现了公民法、万民法,拿破仑时代有了民法,后来走上了现在的三权鼎立、民选官、废除终身制的民主法治路子。

不同的社会制度,包括企业制度,会使人产生不同的行为,导致不同的社会结果。都是社会主义道路,改革开放前的社会主义和改革开放后的社会主义,人们的行为和社会结果截然不同。改革开放前,消灭私、大公无私,教育、批判、运动一个接一个,社会万马齐喑,物质极其匮乏;改革开放后,认可私、调动私、引导私,社会丰富多彩,物质极大丰富。

制度很重要,正如邓小平同志讲的,好的制度可以使坏人变好人,不好的制度可以好人变坏人。

好制度应该是能够使人的才能得到充分发挥,且能够源源不断地培育出人才,做到人尽其才,物尽其用。相反,鱼目混珠、是非混淆、人心不顺,肯定制度上有问题。

好的制度还需要有人才去驾驭。人才,特别是高才,是稀缺资源。人才有高、中、低之分。不论是领导人才还是专业人才,纵向看、横向看都是如此。

社会需要什么样的人,我们个人如何对应?从不同的角度可以谈出很多方面,就一般情况而言,笔者认为社会需要正常的人,社会需要多种多样的人,社会需要理论与实践结合型的人。

讲道德,何谓道?何谓德?老子《道德经》里的"道"揭示的是世间万事万物的规律,"德"指的就是遵循万事万物的规律。天有天道、地有地道、人有人道、各行各业有各行各业的道,即规律;德就是要遵循各自的规律。

保险人,即从事保险职业的人。讲保险人的职业道德,应该包含两个层面,首先应认清我们自己的职业——保险,即保险的本质及其规律;而后要弄清应该遵循哪些职业道德。

保险的本质是将众多的人联合起来,以多数人确定的小投入,分担少数人不确定的大损失,将个体应对风险变为众人共同应对风险,从而起到分散风险、转移风险、补偿损失的作用。可见,保险是对人不是对物,应遵循人道。

风险无时不在,无处不有,这是客观存在,所以人们需要保险。保险首先给人们的是一纸合同,人家先拿出钱,买的只是一种预期、一个承诺。那么,凭什么让人家买你的承诺合同呢?凭的是对你的“信”,信你这个行业、信你这个公司、信你这个人。我看“信”就是保险业的规律。

保险人就要遵循这个规律,使你可信、使你诚信。遵循了这个规律就是有德,不遵循就是无德或是缺德。

怎样才是遵循了这个规律呢?第一,诚实守信。讲诚信是《保险法》规定的首要原则,也应是保险从业人员遵循的首要原则。当前最需要解决的就是销售误导和不如实告知。第二,遵纪守法。这是基本底线。遵守国家法律法规,遵守保险监管规章,遵守行业自律规范,遵守公司内控制度。第三,专业胜任。保险专业性很强,从业人员应有很好的专业水准。包括理论知识和职业技能。第四,客户至上。保险业是服务行业,客户始终是上帝。把客户利益永远放在第一位,在各环节都要体现客户是上帝。第五,公平竞争。不采取不正当竞争手段,不诋毁同业公司和同业人员,诋毁他人就是在诋毁自己。第六,勤勉尽责。一个人要勤奋,要有责任心,懒惰、得过且过、不负责任,终将一事无成。第七,团结互助。我们作为社会人,在社会的学习、工作、生活中,很少是作为一个孤立的个体存在,大多都处在一个群体之中,不论是家庭的还是社会组织的,这就需要处理好群体关系。团结互助就是处理好群体关系的好办法。做到团结互助就要有大局意识、团队意识,要尊重人、帮助人、平等待人。第八,开拓创新。保险业是一个充满活力的新兴行业,从业人员要有激情,要勇于开拓创新,要有开拓创新思维,要有开拓创新的行动,要有开拓创新的方法,前提是要讲科学,不能盲目乱干。因循守旧、故步自封没有出路。第九,保守秘密。要使自己成为一个可信的人,就要学会保守秘密,这也会使你获取更多的资源。保险从业人员最主要的是保守公司的商业秘密和客户的私人秘密。

写于2012年5月

第八十二谈

从长时间看，敌视过你的人和帮助过你的人同样重要

人生中，可能会遇到不少帮助过你的人，也会遇到不少敌视过你的人。但从人的一生看，敌视过你的人和帮助过你的人，一定程度上可以说同样重要。

帮助过你的人，可能曾经赏识你、提携你、指导你、资助你，使你进步很快，水平提高，渡过难关。敌视过你的人可能曾经说你的坏话，给你设置进步障碍，甚至造谣中伤整治你，使你步履艰难，抑郁而不得志。但是，它可能促使你奋斗，促使你变化，促使你厚积薄发，结果是歪打正着，走上敌视者的反面，获得了意想不到的人生成就。这样的例子举不胜举。不说其他领域，就思想文化而言，就有孔子、司马迁、司马光、李白、杜甫、蒲松龄、曹雪芹等诸多人物。他们没有哪一个有着顺当的人生！可能正是种种不顺当，乃至艰苦磨难，才成就了他们辉煌的人生。

这里的关键是靠自己。靠自己的价值取向，靠自己的是非判断，靠自己的坚强意志，靠自己的学习功夫和悟性，靠自己的实践勇气和干劲。这是帮助你的人和敌视你的人都无法代替的。核心就得你行，你如果不行，帮助你的人心有余而力不足，敌视你的人正中下怀。

敌视你的人各种各样，有的可能处于嫉妒；有的可能是竞争对

手;有的可能是误解误判。但有一类人是一样的,那就是小人,特别是有能力的小人。与小人打交道难,与有能力的小人打交道更难。难就难在,小人,特别是有能力的小人,没有正确的价值观,没有正确的是非观。他们只是凭个人好恶,凭一己私利,随心所欲,无中生有,混淆是非,为我所用。这些人能够一时迷惑住很多人,导致大家不明真相,盲目跟风,最容易伤害君子、好人。因为君子、好人不会小人那一套卑劣手段,他们是非分明,看人、做事客观、公正,不善歪门邪道。所以,君子、好人最容易吃小人的亏,特别是吃有能力小人的亏。这是人生中需要注意的。但是,事物总是不以人的意志为转移。遇到什么人、遇到什么事往往是由不得自己的。那就要耐得住寂寞,沉得住气,该咋做咋做,问心无愧才能俯仰于天地间!

写于 2016 年 6 月

第八十三谈

学习掌握科学理论走出正确的人生路子

对于一个政党来说,理论上的成熟是最大的成熟,理论上的错误也是最大的错误。这一点,从我们党的历史可以看得很清楚。毛泽东思想和邓小平理论就是我们党两次理论上的成熟。

毛泽东思想的成熟使我国的新民主主义革命取得了成功,使中国人民站了起来。这是了不起的成功,它推翻了压在中国人民头上的三座大山,洗雪了近百年来东亚病夫的耻辱。

邓小平理论的成熟,使我国的社会主义现代化建设取得了成功,使中国人民富了起来。这也是了不起的成功,它改变了中国贫穷落后的面貌,使国家获得了初步的繁荣昌盛。

但是,这种成熟是来之不易的,都经历了艰难的痛苦的过程。十月革命后,马克思主义传入中国,但政治上引进主义比经济上引进外资难以消化得多。期间经历了陈独秀、李立三、王明、博古等错误路线。直到遵义会议才确立了毛泽东在中央的领导地位,到七大才正式形成了马克思主义与中国革命实际相结合的成熟的理论成果——毛泽东思想。中华人民共和国成立后,我们成功地进行了土地改革和资本主义工商业的社会主义改造,经济建设取得了初步成绩。可八大后,由于理论上出现了错误,导致了“大跃进”、“反右”扩大化,直至“文化大革命”的严重恶果。党的十一届三中全会后,逐渐形成了邓小平理论,我们走上了中国特色社会主义的正确道路。

理论对一个政党、一个国家是重要的,对一个人同样是重要的。我这里所说的理论是指人类社会所形成的一切科学理论成果,当然包括马克思主义、毛泽东思想和邓小平理论,也包括自己创造的理论。

理论对于个人最重要的作用,就是能够指导我们走出一条正确的人生路子。人生的路子千万条,但归结起来只有两条:正确的和错误的,或成功的和失败的。这种正确和错误、成功和失败,还绝不能仅用外在的表象来衡量,即当了多大官,挣了多少钱,有多大名气。这固然是成功,但其中不乏人生的失败者,而平平淡淡的人也不乏人生的成功者。所以说,仅仅看外在表象不行,更主要的是自我感觉和公众的评价。笔者认为,自我感觉良好,觉得活得有意思、有意义,公众评价不错,别人觉得你也挺好,这就是正确的、成功的人生路子。人不可能都成为轰轰烈烈、叱咤风云的人物,还是普普通通、平平淡淡的人多。这与人的才能构成是相同的。纵观各行各业、各个层次的人群你就会发现,高人是少数,中才居多,太差的也是少数。这种内在的才能与人外在的相貌也是相同的。人们都追求漂亮,但真正漂亮的人是少数,一般的居多,太难看的也是少数。同时社会对人才的需求也是高才少、中才多,与人才的构成是相称的。所以对于大多数人来说,不要有过高的欲望,刻意地追求高精尖。看人家当官你也想当官,看人家赚钱你也想赚钱,看人家出名你也想出名。达不到目的就气愤、就抱怨,弄得整天别别扭扭、无精打采。别人的没学来,真实的自我也丢了,结果是不伦不类、一事无成。别人看着别扭,自己活着没趣。

像前头讲的,为官、有钱、出名固然是成功的,但不乏在人生上的失败者;平头百姓,粗茶淡饭,也不乏人生的成功者。笔者过去经常看中央电视台的《东方之子》节目,那里介绍的是各行各业现实的成功者，有思想家、政治家、企业家、科学家、艺术家，但也有普通教师、医生、工人、农民。他们都是成功者，都有一条正确的人生路子。笔者认为，他们都是高人，高就高在都达到了一种自自然然的境界。他们的这种境界，不仅具有高才学，而且具有高修养。这很不容易啊！因为人群当中，大多都会被世俗所困扰，人云亦云。能够超凡脱俗，静下心来，坚定地走自己的路，扎扎实实做点儿事的人并不算多。春秋时期有个大哲学家老子（李耳），写了一部《道德经》，讲的是宇宙、人生之大道，核心是顺其自然、无为而治。其实是大为大智，不达到相当的境界是做不到的。吕叔湘是大语言学家，但他的文章却朴实得连一句华丽的辞藻也不用；老舍是大文学家，但他的文学作品却是那样的自然流畅。他们的朴实无华、自然流畅的背后却渗透着高深的思想，揭示着深刻的道理。而那种哗众取宠、堆砌辞藻的文章则是一种肤浅。人生也是一样。由此笔者有一句格言叫作：自自然然才是真，潇潇洒洒才是美。

当然，做人不能放弃进取和奋斗。没有进取和奋斗，人活着就没劲了，生命的运动也就等于停止了。笔者所反对的是脱离主客观实际的想入非非，没有积累到一定境界的过高奢望，甚至是不经过努力奋斗的痴心妄想。

正确的理论可以指导我们在人生的道路上保持一个良好的心态，具有一个博大的精神世界，使我们对工作和生活充满兴趣和乐趣。人是高级动物，有物质的需求、精神的需求。佛家认为，还有灵魂的需求。大千世界，物欲横流、纷繁复杂，使人们产生各种各样的烦恼，这叫心病。这种心病比体病要难治得多。得了就会使你思虑过多、工作没劲、生活没趣，甚至会变态，步入歧途。实际上，各种苦恼都是由“我”而生，都是没有正确地认识自我，把自己摆在了一个不正确的位置上。一位哲人说得好：一个人最终的对手就是他自己。苦恼的人有一个共同的特点：总觉得社会对他不公，别人对不起他。大体有这样三种情况：一种是别人有的他都想有，别人得到的他都想得到,事实上是不可能的。不可能,他就生气、就不平衡、就苦恼;还有一种情况,应是他得到,但是阴差阳错,就是得不到,这也是客观存在。自古以来,多少英才终身不得志,有的甚至还蒙受了不白之冤。看不开、想不通,就会形成心病,搞坏身体;再有一种情况就是,他本来挺好,该有的他都有了,但他心眼小,小到了疑神疑鬼的程度,总觉得周围的人和他过不去,实际上谁也没和他过不去,而是他自己和自己过不去,结果是人为地捏造出很多事情来折磨自己。这种心态、这种精神状态,怎么能做好工作、搞好学习?怎么能有生活质量?身体也难以搞好啊!

还有一个问题,就是科学理论可以指导我们正确地认识理解社会,这对我们的人生路子也很重要。认识理解社会要全面、系统、辩证,不能片面性、绝对化。比如说反腐败,不能谈到腐败就把社会政治看成一团糟,到处是腐败,为官者都是腐败者,甚至由此怀念起“文化大革命”的所谓不腐败,进而对改革开放持怀疑态度。诚然,腐败问题是伴随着改革开放而出现的,它确实败坏了党的形象,严重地危害着国家和社会,老百姓对其深恶痛绝是可以理解的,但不能由此本末倒置,看不到改革开放的辉煌成就。事实上,我们每个人都在享受着改革开放的成果。回想一下,改革开放以来我们的社会和生活发生了多么大的变化,政治上进步了、经济上繁荣了、文化上丰富了。仅从我们日常的衣、食、住、行、用上就会有很大的体会。相比之下,腐败问题只是支流,不是主流。当然,腐败必须要反,特别要从制度上解决问题,不能仅说在口头上、写在纸面上,否则支流也可能成为主流,最终搞垮政权。

写于2010年6月

第八十四谈

学会经营好自己的生命

人的生命是宝贵的。每个人的生命只有一次。珍惜生命是每个人天然的本能。但是,在实际生活中却存在着许多不珍惜生命的现象。比如过度熬夜,晚上迟迟不睡,早晨迟迟不起,长期违反自然规律生活;吸烟,每天一、两包,喝酒,每顿半斤八两,耍麻将,通宵达旦;吃饭不按时,挑肥拣瘦,饥一顿饱一顿;更有甚者,走上吸毒犯罪道路。这些与珍惜生命背道而驰的种种伤害生命的现象,给我们提出了一个严肃问题,就是如何经营好自己的生命。

经营好自己的生命,首先就要经营好生命体本身。第一,要正常生活。所谓正常生活,就是要按照自然规律正常起居,正常吃喝。偶尔失常无所谓,长期偏离就容易出问题。第二,要正常劳作。人总要干点事的,无所事事,好吃懒做,人也就颓废了。但是,过度劳作,也会伤害生命。第三,要适当锻炼。要找到适合自己的锻炼方式,找到自己喜欢的锻炼方式。这是就生命体本身的经营而言的。

人是高级动物,不仅需要生命体本身的健康,还需要精神的健康。精神方面更需要经营。如果这方面经营不好,就会情绪不好,心态不好,吃不好,睡不好,最终生命体本身也不会好。怎样经营好呢?第一,要有点志向。就是要做点事,无论是体力的,还是脑力的,或是脑体结合的,总得要有事做,而且要做出点成绩,不枉活一生。所做的事,最好是能够与自己的兴趣爱好相匹配。第二,要有正确的价值观、是非观。人世间总伴随着真、善、美,假、丑、恶。有正确的价值观、是非观,才能知道什么是对的,什么是错的;才能知道倡导什么,反对什么;才能增强正能量,抑制负能量;才能活出精气神儿来!第三,要常读书,读好书。书是人类智慧的结晶。好书是圣人智慧的经典。它是精神食粮,就像维系生命体的粮食一样维系着人的精神健康。经营好人的精神世界,必须常读书,读好书。

写于 2017 年 1 月

第八十五谈

信用是现代社会之基石

信用，自古以来就被人类社会所重视，所以才有“曾子杀猪”“立木取信”“一诺千金”等典故。

信用，对于现代社会尤为重要，可以说是现代社会健康运行的基石。现代社会各行各业、各类组织、每个成员无不以信用为基础联系着、活动着。现代社会是市场经济社会，市场经济就是信用经济；现代社会政府和司法靠的是公信力，而公信力则源于信用；现代社会是公民社会，公民要靠信用安身立命。

依此观察我们的社会，可以说我们还够不上现代社会，其中重要的原因就是我们的信用状况很不理想。

首先，我们的市场经济是不是信用经济了呢？应该说还不是。商业欺诈、合同违法、制假售假、污染偷排、偷逃骗税、虚报冒领等屡禁不止。其次，我们的政府和司法是不是信用够好了呢？应该说还不够好。文件朝令夕改、司法办案不公，政府拖欠工程款，官员各种造假、说一套做一套等屡见不鲜。再次，我们的公民信用又如何呢？同样不能恭维。假冒伪劣、坑蒙拐骗等随处可见。

我们的信用环境不好，从另一方面也可以反映出来，那就是发达国家的企业进入中国市场后的表现。英国的葛兰素史克，大面积行贿、大量高价卖药，将超额利润赚回了英国；美国的福喜，过期肉优先供给中国，换个日期就可以重新上市，变质肉重新加工后再当作合格肉出厂,麦当劳、肯德基、必胜客等洋快餐使用得心应手;德国、日本、美国等高档汽车,在中国可以高度垄断,闷声发大财,整车翻倍挣钱,零部件十几倍赚钱。这些老牌发达国家的企业在本土和其他国家都能够守信用,为什么到了中国就不守信用、变坏了呢?这的确值得我们深思。

建立起现代信用社会,形成完善的信用体系,对于我们国家来讲时不可待,也正当其时。一是35年改革开放的成果奠定了良好的经济社会基础,二是各种问题已充分暴露,三是十八大后一系列反腐倡廉的强有力行动,四是十八届三中全会的全面深化改革,五是人民群众的诉求和支持。

怎样建立起现代信用社会,形成完善的信用体系呢?

第一,政府和司法要带头和引领。政府和司法处于社会顶层,打铁还得自身硬,无论是作为政府和司法机关,还是作为其中的工作人员,都要带好头,因为有什么样的官风就会有什么样的民风,这点很重要。同时,政府和司法是引领社会的,要有正确的大政方针,要有科学的法律法规,更要有严肃、认真、公正的执法。

第二,企业要依法合规、诚信经营。企业是市场经济的主体,依法合规、诚信经营是底线,也是责任,利于社会,也利于自身。一个不讲信用、不合法合规经营的企业,即使一时受益了,之后也会垮下来,因为他们没有信用的支撑,没有信用文化的支撑,没有信用团队的支撑。

第三,公民要以信用立身、立家、立业。公民是社会的基本细胞,公民要立信用之身,以信用高低为衡量标准;家庭是社会的基本单位,公民要成信用之家,信用好应成为谈婚论嫁之首选;事业是个人生存发展的基础,公民要干信用之业,把事业的成就建立在信用基础之上。

第四,信用档案要全覆盖。任何组织和个人都要有终身伴随着的信用档案,打通各种信息壁垒,全社会畅通、全社会联网、全社会通用，让信用者在全社会畅通无阻，让失信者在全社会寸步难行。

写于 2014 年 10 月

第八十六谈

人为什么需要有信仰

人是高级动物，既有物质需求，也有精神需求，精神需求的制高点就是信仰。

为什么需要有信仰？因为人随时都有困惑，都有苦恼，都有心理上解不开的疙瘩，需要信仰来解答、解脱。无论是什么人，在什么情况下都是需要信仰的。当物质短缺、满足不了需要时，人们要寻求精神寄托、心理安慰，以克服短缺的困难；当物质丰富、衣食住行无忧时，人们又为差别所困惑，也得从精神层面找答案。纵观人类历史和现实，横看国内外各色人等，无论物质上穷与富，还是文化上高与低，都需要有精神的慰藉，需要有信仰的支撑。

人性是相同的，而信仰往往是不同的，有信仰宗教的，世界上信众最多的是佛教、基督教和伊斯兰教；有信仰科学的，包括自然科学和社会科学，还有其他种种信仰。不同人群的信仰都有其不同的历史渊源和文化背景，要互相认可、互相尊重。信仰有的看不见、摸不着，比如宗教；有的看得见、摸得着，比如科学。

但是，信仰的关键在于"信"，而不在于看不见、摸不着，还是看得见、摸得着。三大宗教除了《佛经》《圣经》《古兰经》本身之外，都看不见、摸不着，佛教的六道轮回、极乐世界谁能看得见、摸得着？但宗教的魅力恰恰就在于看不见、摸不着。拿佛教来说，看不见、摸不着就使得信徒始终有一种向往，向往着成佛，进入极乐世界；也有一种威慑,促使信徒干好事不干坏事,积德行善,以避免轮为“三恶道”,即畜生道、饿鬼道、地狱道;还有一种超脱,使得信徒不为利益所动,不为挫折所困,想得开、看得开,拿得起、放得下。

科学和宗教不一样,它需要看得见、摸得着。科学要经过反复实验、反复论证,还要经过实践检验证明是正确的,才能称得上科学。但是,这不影响人们对它的信仰,因为科学揭示的是宇宙自然、人类社会规律性的东西。它使人们看到,人类的各种活动包括人本身,必须遵循规律,从客观实际出发想问题、办事情,才能取得成功,才能更好地生存发展,否则就会出现挫折,乃至灾难。

信仰的力量是巨大的。自古以来,有多少人为了宗教信仰超凡脱俗,甘当苦行僧;有多少人为了科学信仰不惜苦学、苦干,奋斗终生;有多少人为了共产主义信仰抛头颅、洒热血,不惜牺牲宝贵的生命。

正因为信仰的力量是巨大的,所以信仰不能走偏、不能极端、不能急功近利。在共产主义信仰上,我们就没少犯了这样的错误。共产主义是个远大的理想,它本来是一个漫长的历史过程,至于什么时候实现并不重要,重要的是只要“信”就可以了。中华人民共和国成立之后我们就犯了急于求成的错误。改革开放后,很多事情又走上了另一个极端,权力寻租,贪腐盛行;诚信缺失,假冒伪劣;财富过度集中,严重两极分化。由此,共产主义信仰受到了严重冲击,不说广大民众,很多共产党员,特别是一些领导干部“身在曹营心在汉”,干的完全是违背共产主义信仰的事儿。

当今,中国社会缺的就是信仰。经济发展了,物质丰富了,但苦恼的人多了,幸福的人少了,所以我们应该重树信仰。党的十八大提出的社会主义核心价值观,在国家层面上倡导富强、民主、文明、和谐的价值目标,在社会层面上倡导自由、平等、公正、法治的价值取向,在公民个人层面上倡导爱国、敬业、诚信、友善的价值准则。它是站在人类社会的制高点,与中国特色社会主义发展要求相契合,与中华优秀传统文化和人类优秀文明成果相承接,是集东西方优秀文明成果之大成的科学价值观。国人理应认真践行。

写于2014年4月

第八十七谈

中国历史上有哲学缺科学

有人说，中国没有哲学。笔者十分不认同。

哲学是什么？哲学是对世界总的看法，是世界观、认识论和方法论。按照英国著名哲学家罗素的说法，已知的是科学，未知的是神学，介于科学与神学之间的就是哲学。

中国的哲学可以说经典诸多。《易经》《道德经》《论语》《庄子》《孟子》《荀子》《墨子》等。

中国的哲学经典大多形成于春秋战国时期。那个时期社会处于大变革、大动荡时代，政治、经济、军事竞争激烈，各诸侯国都在寻求富国强兵、安邦定国之道。那个时代思想活跃，人才辈出，百花齐放，百家争鸣。

中国的哲学是伟大的，无论过去、现在，还是未来都有着强大的生命力，是人类取之不尽用之不竭的思想宝库。其核心是天人合一，阴阳之道，中和之道，中庸之道。

科学是什么呢？科学是运用范畴、定理、定律等思维形式反映现实世界各种现象的本质和规律的知识体系。按照中国科学院高能物理所所长张双南的说法，科学就是刨根问底，就是关注规律，就是用科学的精神和科学的方法发现规律。

可见，中国缺科学。中国贡献给世界的“四大”发明，从严格意义上说是技术，还不是科学。

那么,为什么中国能够有了不起的哲学而缺乏科学呢?笔者认为,主要原因是秦统一“六国”实行皇帝制度后,什么都“大一统”了,失去了产生科学的土壤和环境。

思想“大一统”了,特别是西汉汉武帝“罢黜百家,独尊儒术”的思想路线直至辛亥革命后才退出历史舞台。教育用的是“四书五经”,学而优则仕。科学的探索,科学的方法登不了大雅之堂。

政治“大一统”了,皇权至上,皇帝的话是金口玉言。臣子、臣民也就没有发言权了,即使发言也只能顺着皇帝说。科学的质疑、独立思考精神被扼杀了。

经济“大一统”了,重农抑商,男耕女织。资本主义萌芽无法形成燎原之势,工业革命不可能产生。既没有科学的动力,也没有科学的压力。

写于2016年10月

第八十八谈

中华文化包容乃大

中华文化既博大精深，更包容乃大。博大精深是指中华文化既有涉猎宇宙自然、人类社会、人与自然包罗万象的广度，又有揭示宇宙自然、人类社会、人与自然本源真谛的深度。包容乃大是指中华文化海纳百川、兼容并蓄，既有源头本土的黄河文化、长江文化，又有中途融入的佛教文化、草原文化、西方文化。其突出的特点是：包容、兼容、不争、不斗。本土的黄河文化、长江文化就是靠着包容、兼容、不争、不斗而成长、成熟的。中国艺术研究院终身研究员、中央文史研究馆馆员刘梦溪认为，如果说黄河文化具有内陆文化特征，那么由于长江自古以来航运便利、出海口通畅，长江文化已多少带有海洋文化的特征。黄河文化和长江文化反映在文化思想方面，也呈现出了不同风格。《诗经》作为写实主义文学的典范，产生在黄河流域；而浪漫主义文学的鼻祖《楚辞》，则产生在长江流域。儒家思想的代表人物孔子和孟子诞生在黄河下游；道家思想的代表人物老子和庄子则诞生在长江中游和下游。自古以来，黄河和长江这两河两源文化相互交融而又各自发展，哺育着中华民族。

佛教传入中国后，与中华文化融合，形成了中国的佛教，儒、释、道并存。就佛教本身来讲，不论是小乘佛教还是大乘佛教，不论是汉传佛教还是藏传佛教，互相之间既不争也不斗。还有后来传入的伊斯兰教、基督教、天主教，以及西方的民主、科学、法治都被中华文化所包容、兼容。

历史上,只有以农耕为经济基础的中华文化和以游牧为经济基础的草原文化长期产生过激烈冲突,可是一旦融入后就很快包容并蓄。例如,中华文化纳入的西域和吐蕃,蒙古和满洲统一华夏建立的元朝和清朝,都很好地实现了包容并蓄。

56 个民族,近 14 亿人口,就是这样以中华文化为基础在 960 万平方千米的土地上,海纳百川、包容并蓄,共同生存和发展的。

中国人不是没有信仰,不但信仰的内涵丰富,而且互相尊重各自的信仰,不互相排斥、不走极端路线。正因如此,才使得中华文化包容乃大,更加博大精深。

当今世界,经济全球化、政治多元化、文化融合化趋势日益加快,任何一个国家都不可能统领世界、称霸世界,必须承认差别、尊重多样、包容并蓄、存异求同、殊途同归。唯此,才是正道,才是大道。

写于 2016 年 1 月

第八十九谈

东西方文化融合才完整

以中华文化为核心的东方文化和以欧洲文化为核心的西方文化，都是人类文明史的伟大成果，是人类共同的宝贵财富，需要互相融合，而不该互相排斥。融合才完整，融合才更有价值，融合才能使人类社会走向更加美好的明天。

中华文化自秦始皇统一中国起，在世界历史上曾辉煌过1800多年，只是到17世纪后落后了。1688年英国光荣革命实现了君主立宪制，走上了“民权法治”的国家治理道路，资本开始主宰经济，工业革命很快开启。同时期的我们还在延续着“皇权官治”的国家治理老路，延续着“男耕女织、自给自足”的小农经济，而且夜郎自大、故步自封，对西方的变化浑然不知，乾隆时期（1793年），英国特使马嘎尔尼送上门来都不想知道。正是没有及时引入西方文明，融合西方文化，到1840年鸦片战争时我们被西方人打败了，不得不打开国门；到1894年甲午战争时我们被学西方的东方人打败了，从而彻底崩溃了。由此，全盘否定东方文化甚嚣尘上，全盘西化成为主导。改革开放前，我们曾一度既全盘否定西方文化，也全盘否定东方文化，直至“文化大革命”横扫一切牛鬼蛇神，造成了文化沙漠、虚无主义。改革开放后面对极其复杂的国内外形势，有些人要全盘西化，有些人要全盘东化。事实上，都是不可取的。中国只有在中国共产党的领导下，融合东西方文化，践行社会主义核心价值观，坚定地走中国特色的社会主义道路才是正路，才能实现中华民族伟大复兴的中国梦。因为这条路是东西方文化融合的路，是人类社会完整的路。

就治理国家来说，核心是建立和实施什么样的政治经济制度，而不同的政治经济制度都是源于不同的人性定位思想。东方文化对人性定位的主流思想是性本善、性本公，所以治国理政之道主要是仁政、德治，天下为公；西方文化对人性定位的主流思想是性本恶、性本私，所以治国理政之道主要是民主、法治，天下为私。这两种定位都有失偏颇，都只是看到了人性的一面，而没有看到人性的另一面，由此形成的政治经济制度都不完整。只有融合了，才能完整地反映人性，制度才更加有效。像19世纪东方遇到的问题一样，西方民主也同样遇到了问题。民主变异了，政党间争斗，互相掣肘，互相扯皮，迟迟形不成科学决策，以致国家陷于瘫痪，民族陷入分裂。

东西方文化的融合，最能说明问题的当属中西医了。曾几何时东方不认可西医，西方也不认可中医。20世纪初期中国全盘西化时，中医曾一度要被“中华民国”国会宣布取缔，后来我们走上了中西医结合的路子不是很好吗？过去，西方是绝对不接受中医的，现在已有越来越多的国家引入中医了。西医有西医的长处，中医有中医的好处，融合起来才完整，才更好。西医是分解性思维，追求看得见、摸得着，所以他们研究制造的各种精密医疗仪器设备，使得病灶能看得见、摸得着，能够精准治疗、切除，而且能够做移植手术，这是中医欠缺的。而中医是整体思维，天人合一，阴阳五行，五脏六腑，任督二脉，十二经络，特别是对看不见、摸不着的疑难杂症、亚健康的医治，西医是无法代替的。

中西医如此，治国理政同样如此。

写于2014年12月

第九十谈

人类社会的出路在于中和

工业革命以来，人类社会的经济、政治、文化经历了“两极”。一极是以资本主义为核心的经济、政治、文化，一极是以社会主义为核心的经济、政治、文化。但两者都曾走了极端，导致了一系列不良后果。

以资本主义为核心的社会，经济上实行市场经济制度，私有制神圣不可侵犯，充分的市场竞争，“看不见的手”调控经济。结果出现了资本横行，物欲横流，一次又一次地爆发金融危机、经济危机。政治上多党制，民主选举，立法、司法、行政“三权”鼎立。结果出现了利益集团、政党利益绑架选举，不问是非和对错，为了选举而选举，为了反对而反对。文化上奉行人权、自由、民主、博爱。结果出现了人权双重标准，自由无节制，枪支泛滥，民主民粹化，博爱只爱己。

以社会主义为核心的社会，经济上实行计划经济制度，公有制神圣不可侵犯，全面的计划指标运作经济，行政手段调控经济。结果出现了“大锅饭”“铁饭碗”、平均主义，人无压力、无动力，缺乏积极性和创造性，物资匮乏，全面短缺。政治上阶级斗争为纲，长官意志，个人崇拜，领导职务终身制。结果导致了以言代法，无法可依，有法不依，政治运动不断，人心不定。文化上横扫一切牛鬼蛇神，既否定西方文化，又否定传统文化。结果形成了文化荒漠，文化虚无。

为什么会出现这样的结果？从人性的角度分析，无论是以资本主义为核心的社会,还是以社会主义为核心的社会,都没有准确地定位人性,全面地把握人性。人性是自私的,其外在表现,一方面是贪婪,无节制地索取;另一方面是懒惰,只想索取,不想付出。以资本主义为核心的社会激发了人们的进取精神,抑制了人们自私方面的惰性,但同时也激发了人们自私方面的贪婪。以社会主义为核心的社会抑制了人们自私方面的贪婪,但同时也激活了人们自私方面的惰性。所以,都不完整,也就都出现了严重问题。

笔者认为,出路在于中和,不偏不倚。这是人性使然,规律决定,也是中华文化的根基。

中国改革开放以来,特别是党的十八大以来的实践已经给出了这方面的答案。这就是中国特色的社会主义理论、道路、制度、文化。归纳起来就是国家治理体系和治理能力现代化;经济、政治、社会、文化、生态"五位一体"总体布局;全面建成小康社会、全面深化改革、全面依法治国、全面从严治党"四个全面"战略布局;创新、协调、绿色、开放,共享"五大"发展理念。经济上就是使市场在资源配置中起决定性作用和更好地发挥政府作用;政治上就是中国共产党领导,人民当家做主和全面依法治国相统一;文化上就是富强、民主、文明、和谐,自由、平等、公正、法治,爱国、敬业、诚信、友善的社会主义核心价值观;全球治理上就是人类命运共同体,"一带一路"的共商、共治、共享的新秩序。

写于2017年6月

后　记

纵观古今中外人类社会的历史，笔者认为，社会科学与自然科学一样对人类社会的生存与发展至关重要。可以说，人类社会所犯的错误，首先源于社会科学理论的错误，人类社会所获的成功，也首先源于社会科学理论的成功。远的不说，就从中华人民共和国成立近70年的历程看，改革开放之前，我们消灭资本、剥夺地权、“大跃进”、人民公社，政治运动一个接一个，直至“文化大革命”十年浩劫，政治上无不是源于阶级斗争为纲的错误理论，经济上无不是源于计划经济的错误理论。改革开放之后，我们的经济社会发生的翻天覆地的变化，无不是源于中国特色社会主义的正确理论。可见，社会科学之重要。

所以，我们社会科学工作者应该看重自己的工作，不仅要积极投身于社会科学的实践，而且还要努力地做一些社会科学的研究，各自尽一点自己的微薄之力，从而为社会科学的进步做出应有的贡献。

正是基于此，笔者把近些年所思所悟写成90篇长短不一的拙作编汇成册，在远方出版社编辑和领导的辛勤努力下，在有关朋友的指导帮助下，有幸与读者见面了。荣幸之至，敬请指教。

2017年7月